PETITES
LETTRES
SUR DE GRANDS
PHILOSOPHES.

Cadit persona. Lucret.

A PARIS.

M. DCC. LVII.

A MADAME
LA PRINCESSE
DE******

MADAME,

VOUS m'ordonnez de vous rendre compte de quelques Philosophes qui font du bruit, & d'une Piéce qui n'en devait pas faire. Je vous obéis, & vous m'allez juger. Si j'ai le bonheur de vous plaire, je suis bien assuré du suffrage de la voix publique.

a

Je ne vous dirai pas à vous-même que personne n'a plus d'esprit que vous ; mais que vous êtes celle qui savez le mieux faire valoir celui des autres, en laissant ignorer à l'amour propre les secours que vous lui prêtez.

Je ne parlerai point de votre beauté, ni de votre ame ; vous ne voulez pas être connue.

Je suis avec le plus profond respect,

MADAME,,

Votre très-humble & très-obéissant Serviteur
. * *.* * *.* * *.*

AVIS

DE L'EDITEUR.

ON nous a confié ces Lettres, comme un Ouvrage de Monfieur PALISSOT. Il écrivit la premiere, trop vivement affecté, peut-être, de la perfécution étrange que lui fufcitérent, dit-on, quelques Philofophes, au fujet d'une Comédie qu'il avait faite par ordre du Roi de Pologne, Duc de Lorraine, & qui fut repréfentée le jour mémorable où ce grand Prince fit élever à Nancy la Statue de LOUIS XV.

a iij

Si la persécution de ces Philosophes est vraie , il est heureux pour le Public qu'ils aient
eux-mêmes fait naître l'occa-
sion & fourni la matiére de cet
Ouvrage.

PETITES LETTRES
SUR DE GRANDS
PHILOSOPHES.

LETTRE PREMIERE.

Epuis quelques années, Madame, il s'eft formé dans cette Capitale, une affociation entre plufieurs gens de Lettres, les uns d'un mérite reconnu, les autres d'une réputation plus contestée, qui travaillent à ce fameux Dictionnaire de toutes les connaiffances ; ouvrage qui en fuppofe beaucoup à ceux qui le rédigent. Perfonne n'a peut-être plus de vénération

A

que moi pour les mains laborieuses qui
construisent ce pénible monument à la
gloire de l'esprit humain. Tous ces
Messieurs se disent Philosophes, &
quelques-uns le sont.

Mais parmi ceux mêmes d'entr'eux
à qui l'on accorde le plus de talens,
on est fâché d'avouer qu'il s'en trouve
qui ont presque rendu le mérite & la
raison haïssables dans leurs écrits. Ils
ont annoncé la vérité, ou ce qu'ils ont
pris pour elle, avec un faste qu'elle
n'eut jamais. On vit à la tête de quelques productions philosophiques un
ton d'autorité & de décision, qui, jusqu'à présent, n'avait appartenu qu'à la
Chaire. On transporta à des Traités
de Morale, ou à des spéculations métaphysiques, un langage que l'on eût
condamné, par-tout ailleurs, comme
celui du fanatisme. *J'ai vécu*, disait
l'un (*a*); *j'écris de Dieu*, disait fas-
tueusement l'autre (*b*); *jeune homme*,

_____

(*a*) Voyez les *Considérations sur les Mœurs*.
Lorsque cet ouvrage parut, un homme d'esprit choqué de ce début, dit que ce n'était
pas l'Auteur, mais son Livre mort-né qui
disait : *j'ai vécu*.

(*b*) *Les Pensées Philosophiques.*

prends & lis, écrivait-il encore (*c*) ;
ô homme ! écoute, voici ton histoire,
s'écriait un troisiéme (*d*).

Ce ton d'inspiration dans les uns,
d'emphase dans les autres, si éloigné
de celui de la raison qui doute, ou de
la vérité qui persuade, révolta quelques gens sensés. En examinant de près
des ouvrages qui promettaient de si
grandes choses, ils trouvérent que les
uns étaient servilement copiés de *Ba-*
con, sans que l'on ait jugé à propos
d'en prévenir le public, & que d'autres ne contenaient que des pensées
mille fois rebattues ; mais rajeunies,
ou par un tour épigrammatique & de
mauvais goût fort à la mode aujour-
d'hui, ou par un certain ton d'audace
bien propre à séduire les simples.

On donna de nouvelles définitions
de quantité de choses déja très-bien
définies. On affecta, pour jouer la
concision & le style nerveux, d'embrouiller ce qui était clair. On confon-

_____

(*c*) Le Livre obscur intitulé : *Pensées sur*
l'interprétation de la Nature.

(*d*) Le *Discours sur l'inégalité des condi-*
tions.

dit tous les genres , & cet étrange
bouleverſement dans les idées & dans
le ſtyle , parut à quelques eſprits vul-
gaires la preuve d'un ſiécle abondant
en génies lumineux & hardis , digne
d'être appellé *ſiécle philoſophique*.

On déclara, que l'*on eſtimait très-peu
le Public (e)* ; que l'on n'écrivait plus
pour lui , & que *des penſées qui pour-
raient n'être que mauvaiſes , ſi elles ne
plaiſaient à perſonne , ſeraient déteſta-
bles , ſi elles plaiſaient à tout le monde (f)*. On oublia que malgré ce petit
nombre de connaiſſeurs tant de fois exa-
géré , le meilleur Livre eſt , à la longue , celui qui eſt le plus répandu , où
ſe trouvent des beautés proportionnées
à toutes les claſſes des Lecteurs , des
connaiſſances utiles à tous les hommes ;
en un mot , qui contient le plus de vérités univerſellement entendues & ſen-
ties. C'eſt là ce qui diſtingue nos bons
ouvrages du ſiécle de L o u i s XIV. &
la très-petite quantité de ceux qui leur
reſſemblent.

(e) L'Epître au Public à la tête du
Conte d'Acajou.
(f) Les *Penſées Philoſophiques.*

Le Public fut donc outragé dans des Préfaces. On témoigna beaucoup d'indifférence pour cette sublime chimère que l'on appelle *gloire*, & cependant on écrivait, on cabalait, & l'on râchait de se rendre intéressant, en affectant de s'attendre à des persécutions qui n'arrivérent point. Mais il est si doux de jouer le mérite persécuté, ou prêt à l'être! On se rend si considérable, en renonçant à la considération! Ce charlatanisme a quelque chose de si séduisant pour ce même public que l'on méprise! Il est si naturellement dupe de tous ces stratagèmes, qu'en vérité ces Messieurs ont prouvé que leur indifférence pour lui ne les avait pas empêché de bien étudier sa nature, & les moyens de le subjuguer.

Comme il est des Grands qui sont *peuple*, il fallut bien aussi leur dire des vérités dures, & rappeller cette puérile & dangereuse question de l'égalité primitive. Il est des gens du caractère des femmes Moscovites, qui n'aiment que lorsqu'elles sont battues. Cette manœuvre fit encore son effet, & quelques Grands accorderent de la considération, précisément parce qu'on leur en refusait. C'est une nouvelle preuve de la vieille maxime : que pour réussir dans le monde, le choix est assez indifférent entre la flatterie & l'audace.

On était insensible à la gloire ; cependant on formait des partis, même pour des bouffons ; &, tandis que l'on affichait une égale insensibilité pour la critique que l'on affectait de mépriser, on sollicitait des ordres pour l'interdire à ceux qui l'exerçaient avec le plus de succès. On tâchait de donner le change au public, en réunissant sous une même idée les noms de critique, de satyre, de personnalité, de libelle ; à force de crier à la persécution, on devenait effectivement persécuteur, & l'intolérance, incommode par-tout ailleurs, allait se placer dans le sanctuaire des Muses.

Quelques personnes éclairées riaient de voir des Philosophes qui auraient dû pardonner des libelles, montrer un amour propre si délicat, si susceptible, & s'efforcer cependant de masquer leur ressentiment & leur crainte sous l'apparence du mépris.

Leur fenfibilité fe trahiſſait quelquefois tout à-fait. Venait-on, par exemple, à revendiquer pour *Bacon* le plan
de l'Encyclopédie, il paraiſſait une petite Lettre contre le Journaliſte de
Trévoux, mais mille fois plus fanglan-
te, plus amere, plus atroce, que tant
de critiques que l'on eſſayait de rendre
odieuſes, & qui ne l'étaient point (*g*).

Souvent même on ne fe contentait
pas de ces réponfes injurieuſes à de
bonnes raiſons. On fe mettait, fans
néceſſité, au rang de ces mêmes Critiques fi mépriſés, & l'on prêtait fa
plume à un Peintre pour diſputer à un
homme (*h*) vraimeht reſpectable le
fruit de fes recherches ; la découverte
d'un fecret des anciens deviné fur un
paſſage obfcur de *Pline*, le fecret de
la peinture encauſtique. Mais toutes
les idées des chofes variaient au gré de
ces Meſſieurs.

Ce qui indiſpofait le plus ce petit
nombre de perfonnes fenfées, qui dans
le filence péfent & apprécient les réputations, c'était cette efpece de thrône

(*g*) La *Lettre au P. Berthier.*
(*h*) M. le Comte de *Caylus.*

A iiij

littéraire que ces Meſſieurs s'érigeaient, & la convention ſourde qui tranſpirait de leur ſociété dans le monde, & qui voulait dire :

Nul n'aura de l'eſprit hors nous & nos amis.

On commença d'abord par s'arroger le droit de louer tous les grands hommes, mais de maniere à faire croire que l'on avertiſſait le public de les admirer. Liſez l'Eloge (*i*) de M. de *Monteſquieu*, il y regne un ton qui révolte. C'eſt moins l'expreſſion de l'admiration publique, qu'un ordre à la nation de croire au mérite de cet illuſtre Ecrivain ; lui, qui tempérait par ſa ſimplicité ce que la ſupériorité de ſon génie pouvait avoir de trop humiliant pour le reſte des hommes.

On parle beaucoup dans ce Panégyrique d'un petit nombre de Cenſeurs qui s'élevérent contre l'immortel ouvrage de *l'Eſprit des Loix*, qui pouvait effectivement eſſuyer quelques critiques, puiſqu'enfin l'Auteur était hont-

(*i*) Par M. d'*Alembert*.

me; mais on n'exagére ces critiques,
que pour fe placer, modeftement, dans
cette petite partie du public qui forme,
à la longue, les jugemens de la poflérité.
On ne dit pas un mot de ce cri général qui s'éleva en faveur de cet ouvrage dès l'inftant de fa naiſſance. On
fe tait fur quantité de gens (*l*) de Lettres qui, dans ce moment là même,
écrivirent avec fimplicité, à l'occafion
de ce monument de génie, des chofes.

(*l*) S'il eft jamais permis de fe citer,
j'écrivis moi-même en 1751. un éloge de
l'*Efprit des Loix*. J'y répondais à quelques
Critiques, & le célébre Auteur eut l'indul-
gence de m'en remercier.

Entr'autres Ouvrages, voyez auſſi les *Let-*
tres fur quelques Ecrits de ce temps, & l'*An-*
née Littéraire en cent endroits, fpécialement
le Tome IV. des *Lettres*, page 145. Je fais
pofitivement que M. de *Montefquieu*, qui
était à Bordeaux, fut très-fatisfait de ce
qu'on y difait de fon Livre, & fur-tout du
plan général qu'on en avait tracé. Il en fit
faire des complimens & des remercimens à
M. *Fréron* par Madame *Geoffrin*, fon illuftre
amie. Voyez encore l'*Année Littéraire*, 1755.
Tome I. page 278. où fe trouve l'Eloge Fu-
nébre de M. de *Montefquieu* par le même
Auteur, éloge fait longtemps avant celui
de M. d'*Alembert*.

que ces Meſſieurs ont redites avec faſte. Il fallait bien humilier de pauvres
Critiques qui ont eu le malheur de remarquer auſſi quelques fautes dans les
Ecrits de nos Philoſophes, & laiſſer
ignorer des jugemens qui avaient devancé leurs éloges, pour ſe conſerver
un air d'arbitres de la littérature, &
de dépoſitaires des ſceaux de l'immortalité.

S'ils parlaient d'un autre homme
bien ſupérieur encore, parce qu'il eſt
plus univerſel, ils ſe faiſaient les Dé-
putés de la Nation auprès de lui. *Nous
rappellerons à M. de Voltaire, diſent-
ils, au nom de la Nation, les engage-
mens qu'il a pris avec nous* (m).

Il fallait louer pour obtenir des éloges : hé ! comment ne pas louer un
Voltaire, un *Monteſquieu*, un *Rameau*,
qui depuis . . . . . Ces Meſſieurs l'admi-
raient alors ; c'était avant la *Lettre ſur
la Muſique Françaiſe*. Mais à quoi le
Public ne s'attendait pas, c'eſt à ce
refrein de louanges faſtidieuſes que ces
Meſſieurs ſe renvoient les uns aux au-

(m) Voyez la Préface du Tome IV. de
l'*Encyclopédie*.

tres, & à ces Brevets de célébrité qu'ils
se diftribuent tour à tour dans leurs
Ouvrages.

Le Philofophe de Genève donnait-il
ce Livre où il met l'homme au rang
de la brute ? *Ah! fi l'on eût fait voyager,*
difait-il, *des hommes tels que les* MON-
TESQUIEU, *les* DALEMBERT *& les*DU-
CLOS *chez les Hurons ou chez les Iroquois,*
combien de merveilles ils nous auraient
apprifes (*n*). Cet éloge lui était exactement rendu dans la premiere Bro-
chure de ces Meffieurs ; & avec beaucoup de mérite, ils ne laiffaient pas de
rappeller une Fable très-plaifante &
très-connue (*o*) : tant un feul ridicule
peut nuire même à des talens fupé-
rieurs.

Le Public n'était pas moins excédé
d'un autre refrein qui menaçait de devenir éternel. Comme ces petites Lunes
que le Télefcope a fait découvrir, &
qui font emportées par le tourbillon
d'une grande Planéte, il eft dans le

(*n*) Voyez le *Difcours fur l'inégalité parmi*
les hommes.

(o) C'eft la Fable V. du Livre XI. de la
Fontaine.

Tourbillon de ces Messieurs un Essaim de petits *Sous-Philosophes* qui pensent de bonne foi participer à leur célébrité, & qui font dans le parti ce que des enfans perdus font dans une armée. Ces Insectes Philosophiques que l'on pourrait encore comparer à ces pailles qui s'amassent autour d'un corps électrique, se jettent quelquefois dans la mêlée au nom de leurs Maîtres ; ils perdent le sentiment de leur nullité par l'appui auquel ils se sentent attachés, & prennent leur bourdonnement pour du bruit. Divisés en deux bandes, ils partageaient Paris entre eux, & semblaient former un Motet à deux Chœurs. On entendait d'un côté : *l'heureux siécle qui a produit la Henriade & l'Esprit des Loix !* & de l'autre ; *l'heureux siécle qui a produit cet immortel Dictionnaire de l'Encyclopédie !* Ces trois Ouvrages (p) dans un degré bien différent, feront sans doute l'éloge de leurs Auteurs ; mais si le dégoût des bonnes choses est quelquefois naturel,

(p) Le premier, sur-tout, qui a vengé la France des reproches de stérilité que lui faisaient les autres Nations.

ce ferait peut-être à cette maniere de
les préfenter qu'il faudrait s'en prendre. A combien de rôles finguliers n'expofe pas ce prétendu mépris de la
gloire, qu'il faut cependant concilier
avec les intéréts de l'amour-propre!

Enfin ce peuple, cette multitude,
ce vulgaire, qui pourtant a quelquefois
les yeux affez perçans, crut entrevoir
que ces Meffieurs avaient trouvé le fecret de ramener tout à eux dans des
Ouvrages mêmes qui femblaient faits
pour louer les autres. On était, par
exemple, affez furpris de rencontrer
dans l'éloge de M. de *Montefquieu* celui d'un Peintre célebre (*q*) loué précifément fur fon attention à conferver
à la poftérité la figure des grands hommes ; mais on fe rappella que certains
Philofophes s'étaient faits peindre. On
fe rappella un éloge plus délicat que le
même Peintre avait fait de l'*Encyclo-*
pédie, en plaçant cet Ouvrage dans un
Tableau fous les yeux de cette Protec-
trice des Arts, digne de réunir à la fois
les attributs de *Minerve & des Graces*,

(*q*) M. de la *Tour*.

& l'on crut retrouver cette navette de louanges données & rendues.

Un autre éloge d'un grand Prince (r) inconfidérément amené aux dépens de toute une Nation (ſ), laiſſait douter encore s'il en réjailliſſait plus d'éclat ſur le Souverain que ſur le Philoſophe qu'il a penſionné. Ce n'eſt pas aſſuré-ment que l'on croye la reconnaiſſance au-deſſous d'un Philoſophe, ni que, d'après certains écrits, on imagine que *l'Hiſtoire de Bienfaiteurs ajouterait un beau Chapitre à celle des Tyrans* (t). Mais on voudrait que l'on évitât cette reconnaiſſance faſtueuſe qui a plutôt l'air d'annoncer le bienfait qui honore, que le ſentiment modeſte d'un cœur pénétré.

Vous ne croîrez pas, Madame, (ce que vous entendrez bientôt dire ſans doute) que quelques-unes de ces vérités ſoient échappées par l'envie de nuire, ou par cette baſſe jalouſie qui naît du ſentiment de ſa médiocrité. On reſ-pecte ſincérement les talens & les

(r) Le R. de P.
(ſ) L'Allemagne.
(t) Voyez *l'Eſſai ſur les gens de Lettres.*

écrits vraiment eſtimables de quelques-
uns de ces Meſſieurs. On voudrait
plus, on ſouhaiterait de les aimer. On
leur eût peut-être accordé tout naturellement ce qu'ils n'obtiendront jamais pour avoir tenté de l'uſurper. Ce
ne ſont ni les cabales, ni l'enthouſiaſme,
ni le manége, ni l'audace, ni la ſingu-
larité, qui donnent aux réputations cet
éclat durable qui s'accroît par le tems.
Tel homme élevé trop haut par de petites intrigues, a fini par n'être pas
même placé dans ſon rang.

On ne diſputera point à ces Meſſieurs
que le projet de l'Arbre Encyclopédique des connaiſſances humaines, ne
fût une idée ſublime digne d'être miſe
en œuvre par eux, puiſqu'ils l'ont découverte dans *Bacon*, & qu'ils n'ont
pas été effrayés d'un travail immenſe,
& peut-être utile. Mais on ſe réſerve
la liberté de penſer qu'un Dictionnaire,
quelque bon qu'il puiſſe être, ne fut
jamais un Ouvrage de génie.

La juſte réputation de quelques-uns
des Chefs de cette grande entrepriſe,
ne donnera pas le moindre degré de
valeur à ces Liſtes d'éloges de leurs

Affociés qu'ils impriment à la tête de chacun de leurs Volumes.

On ne les croira point les difpenfateurs de l'immortalité, & certains noms, pour être cités avec honneur, ou dans quelques Préfaces, ou dans quelques articles de leur Dictionnaire, ne feront point pour cela réputés à l'abri des injures du tems ; de même que certains Auteurs qu'ils n'aiment point, pour raifons, & dont ils difent & écrivent le plus de mal qu'ils peuvent, ne feront point pour cela enfevelis dans l'obfcurité où ils croient bonnement les plonger.

Il fera permis de trouver des fautes même dans ce grand Dictionnaire qui eft leur Ouvrage de prédilection, & de ne pas croire, par exemple, fur leur parole, que les Cerfs (*u*) atteignent, au bout d'un certain tems, l'âge de raifon, &c. &c. &c.

(*u*) Voyez le Dictionnaire Encyclopédique, Article *Cerf.*

Cette

LETTRE SECONDE.

LE FILS NATUREL.

Fabula nullius veneris, fine pondere & Arte.
Horat.

AVIS.

Cette Lettre exiftait long-tems avant l'Examen du Fils Naturel par M. Fréron ; des raifons particulieres ont empêché qu'elle ne parût. L'Auteur n'ignorait pas le plagiat fait à M. Goldoni, & fi adroitement dévoilé par ce Critique célebre ; mais il s'eft contenté de prouver que cette Comédie, foit qu'elle fût Italienne ou Françaife, était un mauvais Ouvrage. C'eft ce qu'il en a penfé dans le tems même où il fe formait un parti confidérable pour la mettre au-deffus de tout ce que nous avons de plus parfait en ce genre. Les méprifes

B.

du Public fur le mérite de Phédre *&*
d' Athalie *, ne furent pas , a beaucoup*
près , auffi révoltantes.

SI Meffieurs de l'Encyclopédie s'é-
taient bornés , Madame , à leurs
travaux philofophiques , plus admirés
que lus , mais placés dans leur véritable
fphére ; environnés de leurs favantes
ténebres , ils pouvaient , fans doute ,
parvenir à la confidération dont ils
femblent fi jaloux. Quelques articles
de leur Dictionnaire , toujours préco-
nifés d'avance , fuffifaient à leur réputation , & perfonne n'eût fongé à leur
difputer une gloire achetée par tant
de Volumes , & mife en quelque forte
à couvert fous leur immenfité.

Hé ! qui ne les eût point appréciés
à leur gré ? Comment ne les pas croire
fur leur parole ? Ils ont opéré tant de
prodiges avec la fimple méthode de fe
donner pour ce qu'ils veulent être , &
d'affocier modeftement à ce privilége
quiconque a la bonté de penfer comme
eux La raifon y a fi vifiblement gagné,
l'honnêteté , les mœurs ont fait de fi

grands progrès, le siécle enfin a pris
un effor si sublime, que nous avons vu
tout à-coup des femmes qui dans leur
jeuneffe lisaient des Contes de Fées,
& des importans qui ne lisaient rien,
se mettre à portée de faire Secte avec
ces Meffieurs ; se réveiller Philofophes ;
protéger l'Encyclopédie & la juger ;
décider de tout avec tant de fineffe ;
analyfer le fyftême moral, *l'utile*, le
beau, l'*honnête*, avec tant d'intelligence ; remplacer de vieux préjugés par
de si plaifans paradoxes, l'ancienne
ignorance par un pédantifme si délicat ; débrouiller avec tant de fuccès le
cahos de la Métaphyfique ; raifonner si
defpotiquement & si jufte ; devenir en
un mot des *Etres* si décens, si profonds,
si univerfels, que *Diogène* les yeux ban-
dés, trouverait ici plus de Philofophes,
plus de Sages, qu'il ne fit de pas inutiles avec fa lanterne pour en chercher
un dans Athènes.

D'où naiffent dans la Littérature
tant d'hommes nouveaux ? On ne les
foupçonnait pas. Qui les a jettés dans
le monde ? Où font leurs preuves ?

quelques Brochures ignorées ? Mais la
célébrité coûterait elle aujourd'hui si
peu ? Comment donc ces *petits Pro-
phétes* se font-ils établis Juges dans Is-
raël ? Voici leur secret. Ecoutez & pro-
fitez, Auteurs infortunés, que vingt
ans de travaux obscurs n'ont point encore tirés de l'oubli. Sortez de vos Ca-
binets ; devenez Encyclopédistes ; atte-
lez-vous au Char de la nouvelle Philosophie ; colportez seulement quelques
Ouvrages de ces Messieurs ; rompez
des lances, & faites confesser aux pas-
sans que le *Fils Naturel* est un chef-
d'œuvre, une merveille, une découverte plus précieuse au Monde Littéraire, que ne le fut à l'Europe celle
de l'Amérique ; & vous voilà célebres,
immortels, & peut-être un jour Aca-
démiciens.

Vous pourrez, à la vérité, en im-
poser plus difficilement sur cette piéce
que sur les autres productions de ces
Messieurs. Il n'est point ici question de
ces rapports secrets & cachés que toutes les sciences peuvent avoir entr'elles,
ni de ces méditations abstraites & pro-

fondes où l'imagination plane à vuide.
& s'égare impunément dans le rien.
C'eſt un Ouvrage de goût, ſoumis aux
lumiéres de tout le monde, fait pour
la repréſentation, ſi l'on en juge par
les noms des Acteurs imprimés avec
ceux des Perſonnages, & par quelques
flatteries adreſſées de tems en tems aux
Comédiens (*a*). Le droit de critiquer,
de ſiſler même, eſt ici par conſéquent
dans toute ſa force. N'importe, ne
vous découragez point : vous ſerez ap-
puyés, ſoutenus par une infinité de
perſonnes de toute condition, qui ont
bien voulu compromettre leur juge-
ment dans l'eſpérance de quelques élo-

(*a*) Pages 181. & 182. où le Philoſophe
Dorval avoue qu'il a voulu être Comédien,
& qu'il le ſerait demain, ſi on lui répondait
du ſuccès. Page 183. il les compare à des
Prédicateurs, & voudrait aller fonder, loin
de la Terre, au milieu des flots de la Mer,
un petit peuple d'heureux, qui n'auraient
d'autres Miniſtres que des Comédiens, &
d'autres Sabbaths que des Spectacles.
N. B. Que la Piéce fut préſentée en effet
à quelques Comédiens, qui n'en connurent
pas le mérite.

ges promis ou déja donnés. Vous ferez aggrégés à ce petit Troupeau qui fe connaît à tout, *que la Nation honore, & que le Gouvernement doit protéger plus que jamais* (*b*). On impofera filence à quiconque oferait vous contredire, &, comme l'a dit un vrai Philofophe, on intéreffera les Dieux dans la guerre des Rats & des Grenouilles. S'il en revient quelque ridicule à la Nation, il fe trouvera des plumes toutes prêtes pour répeter en mille manieres que l'attention du Gouvernement doit fe porter, non pas à faire fleurir les Lettres en général, ni à leur conferver quelque liberté, ce qui ferait trop fimple, mais à protéger exclufivement tels ou tels Elus, telle ou telle Secte, comme fi la vérité pouvait en faire, & s'appuyait jamais du manége & de l'intrigue.

Pour moi, Madame, que la célébrité ne tente pas, au point de me faire déroger au fens commun; moi qui penfe de bonne foi que l'efprit humain a fes bornes, & qu'il eft un terme au-

(*b*) Page 103.

quel nécessairement il s'arrête ; moi qui
regarde la fureur d'innover comme
une marque déja trop sensible de dé-
cadence , & qui crois difficilement aux
nouvelles découvertes dans un siécle
où des hommes qui s'appellent eux-
mêmes (c) des hommes de génie, ne sont
occupés que d'un Dictionnaire ; moi à
qui cette manie de traiter en abrégé
toutes les sciences ne paraît propre
qu'à faire des demi-sçavans & à dispen-
ser de recourir aux sources ; moi, Madame, enfin qui suis fortement con-
vaincu que dans un siécle où l'on pen-
serait beaucoup, on travaillerait moins
sur ce que les autres ont pensé ; que
l'on y verrait plus de productions &
moins de Législateurs ; j'en demande
pardon à ces Messieurs ; mais le sentiment de M. *Diderot* ne balance point
du tout à mon égard celui de M. de
Voltaire. Je crois avec ce grand homme , si capable d'en prévoir & d'en
éloigner le moment, que presque tous
les genres de Littérature sont épuisés ,

(c) Page 275. Des hommes de génie ont
ramené de nos jours la Philosophie du
monde intelligible dans le monde réel , &c.

& qu'il refte peu de chofes à faire, même au génie. J'ai pour moi l'expérience de tous les fiécles où l'on a vû les Arts fleurir, & tomber après de certaines périodes. Il me femble, Madame, que depuis long-tems nous fommes fort loin d'atteindre nos grands modéles, & j'ai la faibleffe d'en conclure que vrai-femblablement nous ne les furpafferons jamais. Le *Fils Naturel* me confirme encore dans cette penfée. En effet quelle piéce ! Qu'elle ferait au-deffous de la critique, fi le nom de l'Auteur n'y donnait un certain poids, fi toute la *Secte* ne s'était pas réunie pour l'élever aux dépens des plus belles productions de l'efprit humain, & s'il ne devenait important d'affaiblir enfin le crédit d'une Cabale puiffante !

Peut-être tant d'efforts en faveur de cette piéce ne font-ils, Madame, qu'un aveu de fa médiocrité. Les enfans les plus difgraciés font quelquefois les plus chéris. Mais il eft tems d'analyfer cette merveille.

Je crois entrer dans une place publique ; je vois une foule de peuple qui fe précipite tumultueufement autour

d'un

d'un Théatre. J'entends une voix bruyante : » Accourez, paſſans ; jeunes » Médecins, écoutez. Vos *Vernage*, vos » *Lorry* (d), ſont d'habiles gens, ſi » vous voulez ; mais ils ont fait trop » de progrès dans l'Art de guérir : il » faut reſter au-deſſous d'eux, ou quit- » ter leur Méthode. Venez à moi, j'ai » des ſecrets univerſels dont je fais bon » marché. « Je m'approche & j'ap- perçois un Charlatan qui montre un ſinge & qui diſtribue quelques boëtes d'Orviétan.

La comparaiſon pourra faire ſour- ciller nos Philoſophes, & j'avoue qu'à beaucoup d'égards elle ſerait injuſte ; mais ici c'eſt un Tableau fidéle. Auſſi pourquoi ces Meſſieurs ſont-ils ſortis de leur genre? Ils ne ſont pas heureux en Comédies, ni même en Romans. L'Auteur du *Fils Naturel* en a donné un où la Philoſophie s'était encore plus compromiſe (e). Elle eut beau ſe tra- veſtir en Courtiſanne, elle n'étrenna point.

(d) Célébres Médecins.
(e) Les *Bijoux indiſcrets*, Roman ordu- rier, & pourtant peu connu.

C

La Comédie au contraire prend ici
le masque le plus décent & le plus grave. Les personnages sont fondus dans
un même moule, & sont tous des *Etres*
sérieux, moraux, & métaphysiques.
L'humanité, les *mœurs*, la *vertu*, le
goût de l'ordre, &c. ces mots combinés
en mille manieres, répetés en lieux
communs, à chaque ligne, cette super-
fétation philosophique, tient ici lieu
d'intérêt, de style, & même d'esprit.
Vous allez juger de l'invention.

ACTE I. La Scene est à S. Germain.
Le Fils Naturel (*Dorval*) aime en secret
Rosalie. Elle brûle du même feu pour
Dorval. Tous deux ont des remords.
L'un trahit son ami *Clairville*, & de-
vient son rival; l'autre a aimé ce *Clairville*, & son ingénuité lui reproche son
inconstance. *Dorval* qui n'a point fait
d'aveu, forme le projet de s'éloigner.
Arrive *Constance*, sœur de *Clairville*,
qui lui fait une déclaration, & se retire
sans attendre sa réponse. *Clairville* arrive lui-même, prie *Dorval* de ne point
partir, & de le servir auprès de *Rosalie*,
dont il commence à soupçonner le
changement. *Dorval* se fait violence,

& promet de travailler au bonheur de fon ami.

ACTE II. *Dorval* voit en effet *Rofalie*, & toute fa vertu eft prête à l'abandonner. On annonce *Clairville* à qui *Dorval* laiffe entrevoir fon malheur. Il reprend fa premiere réfolution de s'éloigner. *Clairville* le retieñt encore, & le quitte pour aller au-devant de *Conftance*, qu'une affaire preffante a fait fortir de la maifon. *Charles*, Valet de *Dorval*, lui apporte une Lettre de *Rofalie*. *Dorval* la lit. *Après un moment de filence il fe leve, mais avec peine ; il s'approche lentement d'une Table, il écrit quelques lignes pénibles.* (f) ; *mais tout au travers de fon écriture arrive Charles en criant : Monfieur, au fecours, on affaffine Clairville. Dorval* laiffe fa Lettre à moitié, & vole au fecours de fon ami. Dans ces momens furvient *Conftance* ; elle apperçoit la Lettre à demi écrite. Cette Lettre eft pour *Rofalie*, mais

(f) Ces phrafes mifes en Italique , font les expreffions Tudefques de l'Auteur. On fait grace au public du plus grand nombre. On craint même de s'arrêter beaucoup trop fur l'extrait d'un tel ouvrage.

peut aussi lui convenir par une équi-voque adroîtement ménagée. Elle se l'approprie.

ACTE III. *Dorval & Clairville* ren-trent. Deux méchans, deux lâches ac-cusaient *Constance* d'aimer *Dorval*, & *Dorval* d'aimer *Rosalie*; *Clairville* s'est battu contr'eux; il était assassiné, si *Dorval* ne fût venu à son secours: mais ces malheureux ne disaient rien que de vrai. Quelle réflexion amére pour son ami! *Il se couvre le visage avec ses mains.* Paraît *Constance* qui attribue à l'amour cette sombre tristesse de *Dor-val.* L'austere Philosophe est assez ga-lant pour ne la point détromper. Elle montre à *Clairville* la Lettre qu'elle a surprise, & sort pour donner à *Dorval* plus de liberté de s'expliquer. *Rosalie* arrive; elle apprend que *Dorval* aime *Constance*, & qu'il va l'épouser: elle s'évanouit; *Justine* vient à son secours. *Clairville* veut aussi s'en approcher; elle le repousse, il la quitte. *Il est com-me un fou: il va, il vient, il s'arrête, Il soupire de douleur, de fureur. Il s'ap-puie les coudes sur le dos d'un fauteuil, la tête sur ses mains, & les poings dans ses yeux* (g). *Il pousse l'accent inarti-culé du désespoir. Charles* paraît, & lui dit en tremblant qu'un inconnu de-mande à lui parler. Cet inconnu est *André*, Domestique du pere de *Rosalie.* Cet *André* tombe des nues pour racon-ter en phrases souvent poëtiques (& c'est un Valet), qu'il était parti avec son Maître sur le Vaisseau l'*Apparent*, de la Rade du Fort Royal, *le 6. de Juillet* ; qu'ils ont été pris, dépouillés, chargés de fers tous deux par des An-glais ; qu'enfin arrivés à Londres, il a retrouvé son Maître dans un cachot. Pendant la traversée, le Vieillard avait appris à cet honnête Valet qu'il était né Français, & qu'il ne s'appellait pas *Mérian.* Il allait lui en apprendre da-

(g) Page 66. Ce font là les graves mi-nuties que l'Auteur répéte à chaque page. Le comble du pédantisme, c'est qu'il les propose comme des découvertes admirables dans la Pantomime du Théatre. C'est insul-ter aux Comédiens & aux Lecteurs, que d'imaginer qu'ils ne sera'ent pas en état de suppléer à de pareilles miseres, qui, prises à la lettre, feraient de notre Scéne un spec-tacle de *Bedlam.*

vantage, lorſque le cachot s’ouvre (h).
C’eſt un ancien Correſpondant du bon
homme, qui touché de ſa miſere, vient
lui offrir un aſyle généreux dans ſa mai-
ſon. Le Vieillard accepte ſes ſecours,
mais quitte enfin l’Angleterre & revient
à Paris, où il eſt arrivé ce jour même.
André le croit ruiné, & le Vieillard ne
l’a point déſabuſé pendant la route. Il
vient pour informer *Roſalie* de ſes malheurs. *Clairville* l’envoie prendre du
repos, & gémit avec *Dorval* ſur les
diſgraces qui ſemblent attachées à la
vertu. *Dorval* qui reſſent quelque trou-
ble occaſionné par le récit d’*André*,
lui demande quelques momens de ſo-
litude, & l’invite à ne point ſe déſeſ-
pérer. Il prend la réſolution d’enrichir
Roſalie, & de la céder à ſon ami : mais
comment lui faire accepter ſes bienfaits?
On répandra dans les papiers publics
que le Vaiſſeau du vieux *Lyſimond* était
aſſuré, & il fera tenir à *Roſalie* par un

_____

(h) Ces malheureux ont profité de ma
faibleſſe pour *m’arracher le pain*, & pour
m’ôter ma paille, dit le vieux bon homme
dans le grave récit d’*André*.

inconnu la valeur de ce qu'elle a perdu.
Il appelle *Charles*, lui donne un billet,
& l'envoie à Paris chez son Banquier.
Ce troisiéme Acte, Madame, si déme-
suré en proportion des deux autres, est
absolument vuide d'action. Le récit pathétique d'*André*, plein de détails pué-
riles, en occupe seul plus de la moitié.

ACTE IV. *Rosalie* pleure avec *Justine*.
Constance vient la presser d'accepter un
asyle auprès d'elle. *Dorval* qui va devenir son époux y consentira. Au nom
de *Dorval*, *Rosalie* indignée, rejette
toute espéce de secours. Elle s'éloigne
avec mépris à la vûe de cet Amant per-
fide : cependant il n'est pas clair dans
la piéce que *Dorval* lui ait jamais parlé
d'amour. Enfin *Constance* invite ce Philosophe à prendre une compagne : il
épuise tout ce qu'il a de métaphysique
pour s'en défendre. *Constance* beaucoup plus Métaphysicienne, le touche,
l'ébranle, le persuade. Elle sort triom-
phante, & le malheureux *Clairville* revient faire ses plaintes ordinaires. Il
reprend quelque joie en apprenant de

Dorval que *Rosalie* n'a rien perdu. Il court lui porter cette nouvelle. *Charles* de retour de Paris, a rempli les ordres de *Dorval*, & lui apporte un reçu des fonds qu'il a fait remettre à *Rosalie*. Tous ces évenemens accumulés, ces voyages, ces retours, ces nouvelles mises dans les papiers publics, ces fonds dont on dispose en un moment, sont ici trop pressés, & sans aucune vraisemblance. *Dorval* enfin a tout sacrifié à la vertu : il jouit du bonheur des ames nobles : il épousera *Constance* par admiration, & lui laissera croire que c'est par amour. Il parlera à *Rosalie*, & prendra sur elle l'empire que *Constance* a bien pu prendre sur lui. Il aura tout fait pour *Clairville*, jusqu'à tromper un peu sa sœur, ce qui est de trop.

ACTE V. *Dorval* essaie enfin de rendre le calme au cœur de *Rosalie*. Il lui montre *Clairville sur un Canapé, dans l'attitude d'un homme désolé* (i). Alors *Clairville* se léve, & *s'en va comme un*

(i) N. B. Que c'est là ce que l'Auteur appelle dans ses Réflexions un tableau su-

homme qui erre. Il s'agit de dompter un
penchant qui tient du crime, & qui n'a
caufé que des malheurs. Nouvel affaut
de métaphyfique entre deux perfonnia-
ges. Répétition fatiguante, monotone,
infoutenable, d'ailleurs, dans un cin-
quiéme Acte qui ne doit être que d'action. Enfin *Rofalie* fe rend : elle offre
elle-même *Dorval* à *Conftance.* Dans ce
moment le pere de *Rofalie* qui s'eft appellé *Ménan,* & qui s'appelle actuel-
lement *Lyfimond,* paraît fubitement,
fuivi d'*André,* de *Charles,* de *Sylvef-
tre,* &c. Il reconnaît fa fille, & *Dorval*
le reconnaît pour fon pere. Une jeune
infortunée trop tendre & trop fenfible
lui donna la vie, & mourut peu de
tems après, lorfque *Lyfimond* fugitif
en Amérique, obligé de fe dérober au
courroux d'une famille outragée &
puiffante, fe flattait enfin qu'il pourrait l'époufer. Le Vieillard à l'afpect de
fes enfans réunis, ne peut contenir fa
joie. *Il leur impofe les mains,* & les invite à s'embraffer. Il commence par
unir *Rofalie* & *Clairville.* Il unit enfuite
Conftance & *Dorval,* qui *s'approchent
de lui gravement.* Il verfe des larmes

de plaiſir, & s'eſſuyant les yeux avec ſa
main, il donne à *Clairville* un précis
de ſes dernieres volontés. Il a vécu ;
tous ſes biens ſont à ſes enfans ; ſa fortune eſt immenſe, il n'a fait qu'une
perte légere. *Roſalie* étonnée, lui préſente le Porte-feuille envoyé par *Dorval*. Le Vieillard reconnaît ſes effets :
il entrevoit un myſtere de grandeur
d'ame qui le tranſporte. La généroſité
de *Dorval* éclate, *Lyſimond* bénit ſa famille, & la piéce finit.

C'eſt ce dernier Tableau, Madame,
que M. *Diderot* trouve d'un intérêt ſi
touchant ; qu'il ſuppoſe que l'on n'en
peut ſoutenir la repréſentation. Vous
connaiſſez trop bien le Théatre & notre Littérature, pour ignorer que rien
n'eſt plus vulgaire que ces ſortes de
reconnaiſſances. Il en eſt peut-être
trois ou quatre de génie dans nos Auteurs Dramatiques, & le ſuccès qu'elles
ont eu a tellement affriandé (ſi j'oſe
employer ce mot) le Troupeau ſervile
des imitateurs, elles ſont devenues ſi
fréquentes, qu'il faut les regarder à
préſent comme un de ces lieux communs que le bon goût doit proſcrire

& reléguer à jamais dans la pouſſiere des Colléges. D'ailleurs où ne trouve-rait-on pas le modéle de ce Vieillard tombé des nuës pour reconnaître ſes enfans ? Une ſituation toute pareille termine, ſi je ne me trompe, la Piéce de *Cénie.* Nous en avons cent exem-ples ou dans nos Tragédies, ou dans nos Romans ; & ce qui prouve le plus la petiteſſe du moyen, c'eſt qu'il a réuſſi non-ſeulement aux Auteurs cé-lébres qui s'en ſont ſervis en hommes de génie, mais aux Ecrivains les plus médiocres.

Rien de plus facile en effet que d'ex-citer un attendriſſement momentané par des tableaux de cette eſpéce, ame-nés preſque toujours aux dépens de la vrai-ſemblance, & rien de plus inſipide ſur-tout dans ces Tragédies bourgeoiſes qui ne peuvent être ſoutenues, comme la grande Tragédie, de la magie des grandes paſſions, de l'illuſion du mer-veilleux & de la pompe du ſtyle.

Cette machine n'eſt pas le ſeul moyen trivial auquel l'Auteur ait eu recours. Vous vous rappellerez, Madame, quelle fut notre ſurpriſe en ne trouvant dans sa piéce que de ces ressorts usés & rebattus jusqu'au dégoût. Elle redoublait encore au ton de confiance des réflexions qui terminent l'ouvrage, & qui feraient penser, ou que l'Auteur n'est pas sincere, ou qu'il n'a pas la moindre idée du genre qu'il a voulu traiter.

Quoi de plus commun en effet (dans les Romans) que ces généreux sacrifices de l'amitié qui arrivent si peu dans la vie commune ? Un ami qui cede sa fortune & sa Maîtresse à son ami ; un frere amoureux de sa sœur sans la connaître; des gens de bien qui souffrent, avec l'éternel contraste des coquins qui prosperent. Tout cet échaffaudage qui prête si merveilleusement à la Rhétorique du pédantisme, a pu faire honneur à l'imagination des premiers qui l'ont mis en œuvre. Il ne doit plus occuper notre attention dans un siécle dont la gloire est fixée par des ouvrages où ces mauvaises guipures servent tout au plus d'accessoire, & sont du moins employées par de grands Maîtres.

Auteurs que l'émulation excite, ne faites pas, comme on semble vous le

prescrire, des Comédies sérieuses, ou
des Tragédies domestiques. Peignez
seulement les passions que vous avez
senties ; exprimez-en toute l'énergie ;
que chaque spectateur retrouve son
propre cœur dans vos personnages ;
que sur-tout ils ne disent dans la situation où vous les représentez que ces
choses simples qu'une même situation
arracherait à tous les hommes ; mais
qu'ils les disent avec noblesse, & les
applaudissemens vous attendent. Voyez
Mérope, qui croit retrouver quelques
traits de son fils dans un malheureux
qu'on lui présente. Qui n'imaginerait
s'exprimer comme elle ? C'est la nature dans sa plus grande naïveté, mais
qu'elle est sublime !

Tendons à sa jeunesse une main bienfaisante ;
Il suffit qu'il soit homme & qu'il soit mal-
    heureux.
Mon fils peut éprouver un sort plus rigou-
    reux.
Il me rappelle *Egiste*, *Egiste* est de son âge :
Peut-être, comme lui, de rivage en rivage,
Inconnu, fugitif, & par-tout rebuté,
Il souffre le mépris qui suit la pauvreté, &c.

Si *Mérope*, à la place de ces expreffions fi vraies & fi touchantes, analy-
fait fa compaffion pour cet infortuné ;
fi elle difait, *qu'une ame tendre n'envi-*
fage point le fyftême général des êtres
fenfibles, fans en défirer fortement le
bonheur (*k*), n'entendez-vous pas le
bruit des fifflets s'élever de tous côtés,
& pourfuivre l'Héroïne Métaphyfi-
cienne jufques dans les couliffes ?

Quelle ingrate organifation, Madame, que celle de ces gens qui vont
chercher fi loin, au lieu des mouvemens que leur indiquerait leur propre
cœur, de froides moralités, enfilées
faftidieufement les unes aux autres, &
qui, dans un ouvrage où la converfation devrait être imitée, terminent fy-
métriquement chaque phrafe par une
fentence, ou par une épigramme. Je
vous en rapporterais cent exemples
dans la Piéce que j'examine, ou plutôt, elle n'eft, d'un bout à l'autre,
qu'un tiffu de ces vicieufes fuperfluités.
Qui s'exprima jamais, en effet, comme *Dorval*, ou comme *Conftance* ?

(*k*) Page 104.

Eft-ce donc dans le tumulte des paf-
fions, que l'on differte fur les notions
du jufte & de l'injufte ; fur *ce goût
de l'ordre plus ancien dans nos cœurs,
qu'aucun fentiment réfléchi* (1). Doit-
on rechercher dans une action théatra-
le, *fi c'eft ce goût qui nous rend fenfibles à la honte*, & *fi la honte nous fait
redouter le mépris* ? Enfin eft-ce la place
de ces maximes lancées avec tant de
confiance, & qui, toutes prifes à part,
auraient befoin d'être éclaircies ou
prouvées ?

Quel eft donc cet abus infenfé de
vouloir traveftir tous les hommes en
Philofophes, & quels Philofophes encore ! La vraie Philofophie n'eft-elle
pas depuis long-temps au Théatre ? Ne
fuffit-il pas d'inftruire par l'action,
fans l'enfevelir fous un fatras de décla-
mations pédantefques, auffi triftes
qu'elles voudraient être fublimes ?

Voilà donc, immortel *Corneille*,
tendre *Racine*, divin *Moliére*, ce
qu'on voudrait fubftituer à vos favantes productions ! Ce n'eft plus une

(1) Page 101.

femme agitée par une paſſion malheu-
reuſe & coupable, que les remords
déchirent dans le ſein même de cette
paſſion ; tableau ſi touchant & ſi vrai
de nos faibleſſes & de leurs ravages.
Ce ne ſont plus ces chefs-d'œuvre du
Miſantrope & de l'*Avare* , tableaux
non moins frappans des ridicules que
nous avons ſous les yeux. Ce ſont des
Dorval, des *Conſtance* que l'on va nous
donner. Mais dans quelle ſociété trou-
vera-t-on le modéle de ces êtres de
raiſon, de ces Philoſophes en cornet-
tes, dont on veut affubler nos Théatres? Qui n'irait s'enſevelir dans quelque déſert, ſi des *êtres* de cette nature devenaient jamais communs parmi nous? L'Auteur a-t-il voulu, en
nous peignant tous ces perſonnages
vertueux avec faſte, en leur prêtant
des caractères qu'il croit ſi parfaits, des
mœurs ſi graves, a-t-il voulu, dis-je,
nous repréſenter tels que nous de-
vrions être, & remplacer la piquante
vérité de la nature par ces romans faſ-
tidieux du cœur humain? Voici ce que
lui répondrait le célébre *Rouſſeau* :

Hé

Hé ventrebleu! Pédagogue infidéle,
Décris-nous en l'Histoire naturelle.

. . . .

Expose-nous nos délires frivoles
En actions, & non pas en paroles ;
Et ne viens plus m'embrouiller le cerveau
De ton sublime aussi triste que beau.
L'Art n'est point fait pour tracer des mo-
    déles ,
Mais pour fournir des exemples fidéles
Du ridicule & des abus divers
Où tombe l'homme en proie à ses travers.
Quand tel qu'il est on me l'a fait paraître,
Je me figure assez quel je dois étre,
Sans qu'il me faille affliger en public
D'un froid Sermon passé par l'alambic.
Loin tout *Auteur* enflé de beaux passages,
Qui, sur lui seul moulant ses personnages,
Veut qu'ils aient tous autant d'esprit que
    lui ,
Et ne nous peint que soi-même en au-
    trui , &c.

Vous trouverez à peu près les mêmes vérités embellies par un génie plus
délicat, plus facile, plus élégant, fait
pour chanter les Graces qui l'ont

approché du Thrône ; pour veiller sur
les Arts qu'il cultiva lui-même avec
tant de gloire, & pour donner des
loix au Parnasse, & ailleurs :

Trop de finesse affadit la saillie
De la piquante & sincére Thalie :
Dans un travail inutile à nos mœurs
Plus d'un Newton sépare leurs couleurs ;
Le prisme en main marque leurs diffé-
    rences,
Et nous égare en leurs foibles nuances.
L'Art trop heureux d'instruire & d'amuser
Est devenu l'Art de subtiliser,
L'Art de donner, au gré de l'imposture,
Tout à l'esprit & rien à la nature, &c.

Ne croirait-on point, Madame, que
ces Législateurs du goût avaient prévu
l'ouvrage dont je vous parle ; & s'ils ne
l'ont point prévu, de quel front ose-t-on
nous donner, comme une découverte,
ce genre sérieux déja connu dans l'ancienne Rome ; mais traité par des
mains habiles, & tant de fois ébauché
sans succès parmi nous.

Ce n'est pas que je prétende exclure
d'une Comédie ces Scènes intéressantes

où le cœur est ému par la naïveté des
passions, & par des situations natu-
relles & touchantes. Loin de nous l'i-
dée de borner nos plaisirs. Il est dans
Térence des Scénes qui arrachent des
larmes. Il en est dans l'*Enfant Prodi-*
gue qui équivalent presque à tout ce
que M. de *Voltaire* a donné de plus
pathétique au Théatre. Mais qu'alors
l'intérêt naisse, non pas d'un échauf-
faudage romanesque & sans vrai-sem-
blance, non pas de ces lieux communs
rajeunis, & qui ne doivent plus trouver place que sur des écrans; mais de
ces événemens ordinaires dans la vie,
que les ames sensibles savent saisir, &
rendre avec le coloris qui leur convient.

M. *Diderot*, en indiquant à chaque
page le jeu pantomime de ses Acteurs,
& tous les endroits où les personnages
doivent pleurer, frémir, ou *pousser l'ac-*
cent inarticulé du désespoir, pense-t-il
avoir rempli son objet par ces indica-
tions frivoles ? En serait-il besoin si
l'objet était rempli ? Tout Comédien,
tout Lecteur ne se sentirait-il pas ému,
sans qu'on l'avertît qu'il doit l'être ?

D iij

N'est-ce pas ressembler à ce Peintre dont parle *Sancho*, qui croyait avoir peint un coq, lorsque sous une figure de fantaisie, il avait écrit : *C'est un coq.*

Que cet Auteur n'imagine donc plus avoir fait une découverte par ce prétendu genre sérieux, dont sa Piéce lui paraît un modéle. Qu'il cesse de l'annoncer dans ses Réflexions avec tant d'enthousiasme. *Mélanide*, *Cénie*, la *Gouvernante*, tous ces Romans dramatiques, aujourd'hui si communs, déposeraient trop visiblement contre lui.

N'y aurait-il donc rien d'original dans sa Piéce ? Je vous demande pardon, Madame, & c'est précisément ce qu'il y a de plus minutieux, ou de plus mauvais. C'est ce jargon philosophique & glacial, mis toujours à la place de ce que les personnages devraient dire. C'est un Dialogue symétriquement uniforme, où tous les Acteurs se répliquent par sentences, & dès-lors ce n'en est plus un, car on n'entend nulle part de pareils entretiens. C'est un sallon où l'on doit voir un *clavecin*, *des*

chaifes, des tables de jeu ; fur une de
ces tables un trictrac, des brochures, un
métier à tapifferies, un canapé, &c.
Enfin, c'eft du thé que l'on apporte
& que l'on prend fur le Théatre, ce
qui ferait neuf fans l'Opéra Coniique
du *Chinois*. Voilà, Madame, les merveilles dont *Moliére* ne s'était point
douté. C'eft par ces détails, apparemment fublimes & philofophiques, que
l'on fe propofe de perfectionner nos
Spectacles.

Une des fingularités de ce chef-d'œuvre, c'eft fon titre. Cela s'appelle *le
Fils Naturel*, on ne fait pourquoi.
Vous connaiffez, Madame, la marche
de la Piéce. La bâtardife de *Dorval*
influe-t-elle en rien dans l'ouvrage ? Y
fait-elle un événement ? Améne-t-elle
une fituation ? Fournit-elle, feulement,
un rempliffage ? Non. Quel peut donc
avoir été le but de l'Auteur ? De renouveller des Grecs deux ou trois réflexions fur l'injuftice des préjugés de
naiffance ? Mais, qui ne fait que l'homme fage ne compte point parmi les
vrais biens les hazards de la fortune.
Qui ne fait qu'il y a eu d'illuftres bâ-

tards , *Guillaume* le Conquérant, par
exemple , ou le brave *Dunois.* Vou-
drait-il renverser le préjugé même , &
l'anéantir tout-à-fait ? Ce serait tou-
cher aux loix fondamentales de la société ; à ces loix , aussi anciennes que
le monde , qui favorisent les Mariages,
& qui ne font pas seulement en vigueur
chez les Peuples civilisés , mais chez les
Sauvages. Cette flétrissure générale-
ment attachée aux naissances illégiti-
mes , est , au moins , un de ces préjugés que la Philosophie doit respecter ,
parce qu'il tient à l'ordre politique.
Peut-être même ne serait-il pas difficile de le tirer de la classe des préjugés,
& d'en faire remonter l'origine jusqu'au Droit Naturel.

Non erit hæres filius ancillæ cum filio
meo Isaac (*m*) , est-il dit dans un de
nos Livres sacrés. Le Deutéronome
jette encore sur ces malheureux enfans
une ignominie plus rigoureuse. *Non*
ingredietur Mamzer , hoc est de scorto
natus , in Ecclesiam Domini usque ad

_____

(*m*) Le bâtard n'héritera point avec mon
fils Isaac. Genes. ch. 21. v. 10.

decimam generationem (*n*). Mais pour
n'attaquer la nouvelle Philofophie que
par les armes de la Philofophie même,
Périclès, cet éléve d'*Anaxagore*, ce
Capitaine Philofophe, qui mérita de
donner fon nom au fiécle le plus poli
de la Gréce, fit porter lui-même aux
Athéniens un decret contre les bâtards.
Près de cinq mille furent condamnés &
vendus comme efclaves dans une ca-
lamité publique.

Si des Grecs nous paffons aux Romains, dans ce concours prodigieux
de Citoyens réunis fous le feul empire
des Loix, un bâtard, être ifolé, rebut
de la nature, n'avait pour lui qu'une
immenfe & morne folitude. Sans réla-
tions, fans rapports, fans liaifon, parce
qu'il était fans famille, il ne pouvait
lever les yeux fur une mere dèshono-
rée qu'il ne la fît rougir, ou qu'il ne
rougît lui-même du crime de fa naiffance.

Les Loix des douze Tables n'ad-
mettraient point les bâtards au droit de

_____

(*n*) Le bâtard, ni fa poftérité, n'entre-
ront point dans l'Eglife du Seigneur, jufqu'à
la dixiéme génération. *Ch.* 23. *v.* 2.

succeffion. Celles de *Juftinien* leur re-
fufaient jufqu'aux alimens. Le Chriftia-
nifme, en adouciffant cette rigueur, a
laiffé fubfifter l'infamie. Nos Loix l'ont
confirmée (*o*). Ce n'eft donc pas là
un de ces préjugés livrés à la Philofophie par la tolérance du Gouvernement. C'eft une Loi refpectable, uni-
verfelle, de tous les Climats, de toutes les Religions ; & je ne conçois pas,
encore une fois, quelle a pu être l'in-
tention de l'Auteur en faifant fon Hé-
ros bâtard. Ce titre n'a produit de
paffable qu'une plaifanterie ; c'eft que
le *Fils Naturel* eft un enfant que fon
pere ne légitimera jamais, s'il eft fage.

Je vous ai dit, Madame, que tous
les caractères de cette Piéce femblaient
fondus dans le même moule. En effet,
nul contrafte : le vieux *Lyfimond*, *Dorval*, *Conftance*, *Rofalie*, & jufqu'au

(*o*) On peut confulter fur cette matiere
la Politique d'*Ariftote*, l. 3. ch. 3. l. 6. ch.
4. Les Inftituts de *Juftinien*, l. 3. M. de *Montefquieu*. Le Dictionnaire de *Brillon*. Le Traité du Droit de Bâtardife de *Bacquet*. La Coû-
tume de Paris. On peut même confulter le
Dictionnaire de l'Encyclopédie, au mot
Bâtard.

Valet

Valet *André*, sont tous les plus honnêtes gens du monde. L'œil d'un lynx
n'y verrait pas les plus légéres différences. *Rosalie* est, à la vérité, un peu
naïve dans sa premiere Scéne ; mais
dans celles qui suivent, elle est comme
les autres personnages. C'est toujours
M. *Diderot*, un Philosophe, un Méta-
physicien, qui parle à sa place.

Cette uniformité de caractères est la
source d'un grand défaut. Rien ne
fonde l'inconstance de *Rosalie* en faveur
de *Dorval*. Le choix est impossible, ou
l'avantage serait même du côté de
Clairville. Aussi vertueux que *Dorval*,
il est plus jeune, plus aimable ; sa philosophie paraît moins sombre, moins
austère, moins sauvage. *Dorval* (si l'on
peut se servir de ce mot) est un *loup*
garou de sagesse, amer d'un bout à
l'autre, ne parlant que de malheurs
qu'il a, dit-il, essuyés ; mais dont il
ne rend jamais compte...

Cependant ce *Dorval* (& c'est une
observation sur laquelle j'ai déja passé)
ce sévére *Dorval* tient dans la Piéce une
conduite bien inconséquente. Il semble
justifier cet Aphorisme placé si conve-

E

nablement dans la bouche du Valet Charles : *Les conduites bi'arres font rarement fenfées* (.p). En effet, pourquoi ne pas exécuter le deffein qu'il a pris de partir ? Ne doit-il pas craindre le naufrage de fa Philofophie, lui qui traite fi délicatement l'Amour de *Sophifte dangereux* ? Il eft retenu par l'amitié, j'y confens ; mais il s'expofe au rifque de la trahir. Enfin ce Philofophe fcrupuleux, qui analyfe tous les devoirs avec la précifion d'un Traité de Morale, ne laiffe pas d'être faux envers *Clairville*, & plus encore envers *Conftance*.

Quelles mœurs, quel ton, quel langage, Madame, que celui de cette précieufe *Conftance* ! Je dis précieufe, & dix fois plus que toutes celles de *Moliere*. Ce n'eft pas toutefois dans la déclaration d'amour qu'elle fait elle-même à *Dorval* ; les précieufes y font plus de façon. Au refte ce *Dorval* eft heureux en déclarations. L'ingénue *Rofalie* lui en fait une à fon tour. L'Au-

(p) *N. B.* Que c'eft-là une propofition d'éternelle vérité.

teur a beau vouloir justifier ces mœurs
étranges (q) en opposant *Constance* à
ces femmes perdues qui font volontiers
des déclarations ; je conseille toujours,
même aux plus honnêtes femmes, d'attendre qu'on leur en fasse , & elles s'en
trouveront bien. Les préjugés qui ont
fixé les régles des bienséances entre les
deux sexes , font encore de ces préjugés que la Philosophie doit endu-
rer.

Constance n'a pas aussi la répugnan-
ce des précieuses pour la conclusion du
Roman. Elle s'occupe de bonne foi du
mariage , & c'est elle qui vient presser
Dorval de lui donner la main. Mais
tout ce jargon si finement joué dans la
Comédie de *Moliere* , est beaucoup au-
dessous du sien. Relisez, Madame, relisez, si cela se peut, la longue *Scéne*
du quatriéme Acte. Tout le Dictionnaire du Néologisme ne comprendrait
pas celui de cette *Scéne*. Je la choisis
exprès comme le morceau que l'Auteur
affectionne le plus.

Dorval convient qu'il a de la vertu,

(q) Page 130.

E ij

mais elle est austére ; des mœurs , *mais* sauvages . . . . une ame tendre , *mais* aigrie par de longues disgraces. Il peut encore verser des larmes , *mais* elles sont *rares & cruelles* . . . . abandonné presque en naissant *entre le désert & la société* , il errait depuis trente ans parmi les hommes , isolé , inconnu , négligé , ... lorsque *Clairville* vint à lui. Mon ame , dit-il , attendait la sienne.

Constance reconnait qu'il a été malheureux , mais lui représente que tout a son terme.

Nous nous sommes , lui répond-il , *assez éprouvés le sort & moi.* Il ne s'agit plus de bonheur. Il veut finir ses jours dans une retraite. Que ces *Etres* , lui dit *Constance* , qui se meuvent dans la société sans objet, & qui l'embarrassent sans la servir , s'en éloignent s'ils veulent : mais vous, vous ne le pouvez sans crime. C'est à *Constance* à conserver *à la vertu opprimée un appui ; au vice arrogant un fléau ; un frere à tous les gens de bien ; à tant de malheureux un pere qu'ils attendent ; au genre humain son ami ; à mille projets honnêtes , utiles*

& grands, *cet esprit libre de préjugés ,
ecttte ame forte qu'ils exigent, & que
vous avez*.... Vous, renoncer à la
société ! J'en appelle à votre cœur ; in-
terrogez-le, il vous dira *que l'homme
de bien est dans la société, & qu'il n'y
a que le méchant qui soit seul.*

Que signifie cette derniere maxime
si enveloppée ou si fausse ? Qui peut
être cet appui de la vertu, ce fléau du
vice, ce frere de tous les gens de bien ,
ce pere que les malheureux attendent ,
cet ami du genre humain, &c. ? Est-ce
un Souverain de qui le bonheur d'un
grand peuple va dépendre, ou du moins
son premier Ministre ? Non, c'est *Dorval*, bâtard du Négociant *Lysimond* ;
mais Philosophe comme M. *Diderot*,
& tout cela par conséquent.

Dorval répete encore qu'il est malheureux. *Constance* lui répete aussi que
tout a son terme. Le Ciel s'obscurcit
quelquefois ; & si nous sommes *sous le
nuage*, un instant l'a formé *ce nuage*, un instant le dissipera ; mais quoi
qu'il arrive, l'homme sage *reste à sa
place.*

Enfin *Dorval* avoue qu'il n'est point

trop *étranger à cette pente fi générale &*
fi douce qui entraîne tous les Etres, &
qui les porte à éternifer leur efpéce....
que dans fes accès de mélancolie il
appellait une compagne. Et le Ciel vous
l'envoie, lui répond avec réfignation
Conftance, qui n'eft pas plus étrangére
que lui à cette pente fi générale & fi
douce, &c.

Où fommes-nous, Madame? Que
deviennent les bienféances? Voilà donc
le langage philofophique que doit parler l'amour fur nos Théatres. C'eft
l'amour envifagé comme le befoin de
multiplier l'efpéce, mis fur la *Scéne,*
comme il eft peint dans le *Tableau de*
l'Amour conjugal. Oui, Madame, &
c'eft encore une des fingularités bril-
lantes de cet Ouvrage. C'eft l'homme
ramené à l'état de pure nature, l'homme deffiné dans le nud qu'on nous
préfente. *Je ferais pere.....j'aurais*
des enfans, dit *Dorval....* des *enfans!*
.... Il craint pour eux ce cahós de
préjugés, d'extravagances, de vices &
de mifére où nous fommes jettés en
naiffant.

Vous êtes obfédé de phantômes, lui

réplique la fublime *Conftance*. *L'hiftoire de la vie eft fi peu connue, celle de la mort eft fi obfcure, & l'apparence du mal dans l'Univers eft fi claire* (r) .... *Dorval*, vos enfans ne font point deftinés à tomber dans ce cahos que vous redoutez. Ils pafferont fous vos yeux leurs premieres années.... Ils tiendront de vous ces *notions fi juftes que vous avez de la grandeur & de la baffeffe réelles, du bonheur véritable & de la mifére apparente.* Ils nous verront agir : ils m'entendront parler quelquefois. *Dorval, vos filles feront honnêtes & décentes ; vos fils feront Nobles & fiers ; tous vos enfans feront charmans* (ſ).

Ce font donc ces enfans à venir qui forment le fujet d'une immenfe converfation. Pour comble de ridicule, le fpectateur fçait que cette femme qui fe

(r) *N. B.* Qu'elle n'achéve pas la phrafe par l'impoffibilité de fortir de ce pompeux galimathias.

(ſ) Voilà ce que l'Auteur croit entendre de la bouche de Mademoifelle *Clairon*, & ce qu'il appelle dans fes Réflexions, un trait fublime.

E iiij

propofe fi modeftement de faire avec
Dorval ces *filles honnêtes & ces fils No-*
bles & fiers, le fpectateur fçait, dis-je,
que cette femme qui fe jette ainfi à la
tête, n'eft point aimée de ce *Dorval*.
M. *Diderot* a bien raifon de dire dans
fes Réflexions que pour les genres qu'il
voudrait introduire, *il faudrait des Au-*
teurs, des Acteurs, un Théatre & peut-
être un Peuple (t). En effet, je doute
que des Sauvages mêmes fouffriffent
rien d'auffi révoltant.

A la fin *Dorval*, apparemment pour
fe défendre d'époufer une femme qu'il
n'aime point, (car ces réflexions ne lui
viennent jamais à propos de *Rofalie*)
fe fouvient qu'il eft bâtard, & affure
que fa fortune vient d'être réduite à la
moitié. Rien ne rebute *Conftance*. La
naiffance nous eft donnée, dit-elle.
Pour les befoins, ceux de la fantaifie
font fans bornes; mais les réels ont
une limite. Quelque fortune que vous
accumuliez, *Dorval*, fi la vertu manque à vos enfans, ils feront toujours
pauvres.

(t) Page 201.

DORVAL.

La vertu? On en parle beaucoup (*u*).

CONSTANCE.

C'est la chose dans l'univers la plus connue & la plus révérée. Malheur à celui qui ne lui a pas assez sacrifié pour la préférer à tout, ne vivre, ne respirer que pour elle; *s'enivrer de sa douce vapeur*, & trouver la fin de ses jours dans cette *ivresse*.

Je m'arrête, Madame. J'ai voulu vous analyser cette Scène pour vous donner une idée des mœurs & du style. *La douce vapeur de la vertu!* Quel langage! Est-ce donc là l'ouvrage d'un siécle éclairé? Si la Nation pouvait admirer de telles inepties, ne devrions-nous pas nous regarder comme replongés dans la plus profonde barbarie, & dire avec l'Auteur de la Henriade:

Louis s'éleve, & le siécle est baissé.

J'ai pourtant abrégé cette Scéne, &

(*u*.) Quel Dialogue!

ce n'eſt pas, à beaucoup près, le morceau le plus négligé de la Piéce. Je
laiſſe à faire à d'autres une critique
plus étendue encore que la mienne. Je
vous fais grace, Madame, d'une infinité de fautes ; car mes Obſervations
formeraient bien-tôt un Volume plus
conſidérable que l'Ouvrage. Je vous
l'ai dit ; il ferait au-deſſous de l'examen ſans le nom de l'Auteur & ſa Cabale Philoſophique. Je me contente de
remarquer que le ſtyle eſt en général
embarraſſé & contraint ; que les mêmes tours reparaiſſent fréquemment ;
que les penſées en ſont communes &
monotones comme les caracteres ; qu'il
y a une foule de mots paraſites, tels
que ceux d'*Etres*, de *préjugés*, de *vertu*, d'*accent inarticulé*, &c. qui re-
viennent à chaque page ; que la Langue y eſt ſouvent maltraitée. J'ai pû
vous en donner quelque idée dans les
phraſes mêmes que j'ai empruntées de
l'Auteur dans l'extrait de ſa Piéce. Il en
eſt de purement germaniques. Le Néo-
logiſme & l'obſcurité (*x*) ſont preſque

(*x*) En voici quelques exemples. Page

par-tout. Enfin je vous envoie, Madame, un Exemplaire de la Piéce où vous trouverez environ deux cens Notes qui tombent toutes sur des expreſſions louches, précieuſes, déplacées, ou peu Françaiſes. Les même défauts ſont, avec plus de profuſion encore, dans les Réflexions.

140. *J'écris des lignes faibles, triſtes & froides.*
Page 168. Je commençais à partager ſon tranſport, lorſque je m'écriai, preſque ſans le vouloir : *il eſt ſous le charme.*

Page 180. On a une idée juſte de la choſe ; elle eſt préſente à la mémoire : cherche-t-on l'expreſſion ? On ne la trouve pas. On combine les mots de grave & d'aigu, de prompt & de lent, de doux & de fort ; *mais le réſeau, toujours trop lâche, ne retient rien.*

Page 213. Nous empruntons nos idées des perſonnes avec leſquelles nous vivons . . . . *Notre ame prend des nuances plus ou moins fortes de la leur :* mon caractère a dû *refléter* ſur celui de *Conſtance,* & le ſien ſur celui de *Roſalie.*

Page 298. Un cri porté à des oreilles *dans toutes les nuances.*

Page 161. Un Muſicien ſaiſira le cri de la nature lorſqu'il ſe *produit violent & inarticulé.* Il en fera la baſe de ſa mélodie. C'eſt ſur *les cordes de cette mélodie* qu'il fera gronder la *foudre,* &c. &c. &c.

Pour atteindre au plus grand ridicule, figurez-vous, Madame, l'Auteur dont je viens de parler contrefaisant le Législateur, & créant exprès une Poëtique pour louer son Ouvrage, y faisant modestement remarquer des traits de génie, (*y*) proposant aux Auteurs de nouvelles vûes, & leur promettant de la gloire, s'ils les adoptent.

Ce qu'il y a de mieux, Madame, dans ces Réflexions, est tiré mot à mot de M. de *Voltaire*. Ce sont dès souhaits pour que la Nation se donne enfin un Théatre plus vaste, plus étendu, où l'illusion soit mieux conservée, & qui prête à des situations plus fortes, plus tragiques, plus terribles. Lisez la Préface de la belle Tragédie de *Sémiramis*. Lisez dans les Mêlanges Philosophiques un Chapitre des *Embellissemens de Cachemire*. Lisez-en un autre intitulé: *Sur ce qu'on ne fait pas, & sur ce qu'on pourrait faire.* Vous verrez, Madame, que M. *Diderot* n'a fait que transcrire.

C'est *Sylvie*, Piéce sifflée il y a douze

(*y*) Page 182.

ou quinze ans, que l'Auteur propose
comme le modéle inconnu du genre
sérieux à perfectionner. Hé! pourquoi
citer des modéles si obscurs ? N'avons-
nous pas *Cénie*, *Mélanide*, &c. L'Auteur de *Sylvie* est apparemment quelque Encyclopédiste ignoré que l'on a
voulu charitablement retirer de l'oubli.
Ces Messieurs perdent si peu d'occa-
sions de se rappeller. Ne voilà-t'il pas
que l'on cite ici le Ballet du Devin de
Village (*z*), pour donner l'idée d'une
prétendue découverte en ce genre ? Hé
bien, Madame, ce Ballet si neuf dont
on prend la peine de dessiner un plan,
est précisément ce que nous voyons
tous les jours à tous nos Théatres, au
point qu'en le lisant je me suis trouvé
compositeur moi-même, & que j'aurais pu dire comme le *Corrège* : *Son*
pittor anche io ; tant les idées qu'il a
réveillées chez moi sont communes.

Toutes les nouveautés que l'Auteur
propose sont à peu près de cette force.
Il voudrait bannir la Fable de l'Opéra,
pour y placer la vraie Tragédie ; mais

(*z*) Page 179.

n'avons-nous pas une infinité de Poë-
mes Lyriques où le merveilleux n'eſt
qu'un acceſſoire ? La belle reconnaiſſance d'*Iphigénie* & d'*Oreſte* (*&*), les Scénes touchantes de *Sangaride* & d'*Atis*,
de *Renaud* & d'*Armide*, prouvent bien
que l'Auteur n'a pas eu beſoin d'exal-
ter prodigieuſement ſon imagination
(*aa*) pour propoſer cette réforme.

Le célebre *Métaſtaſio* a enrichi la
Scene Lyrique Italienne d'un grand
nombre de vraies Tragédies ; mais en
attendant que nos Auteurs l'imitent,
ſongeons que l'Opéra Français, bien
exécuté, eſt une merveille pour tous
les ſens ; que tous les Arts concourent

(*&*) Reconnaiſſance infiniment plus belle
& plus touchante que toute la Tragédie que
le Parterre de Paris vient d'applaudir avec
tant d'indécence & de vertige, & dans laquelle les Connaiſſeurs n'ont trouvé qu'une
belle Scéne un peu chargée de déclama-
tion, & quelques beaux Vers.

(*aa*) *Adducite mihi pſaltem*, dit l'Auteur
dans l'enthouſiaſme de ſa rare découverte.
Hé quoi ! n'avons-nous plus de Muſicien,
parce que le grand *Rameau* a pris la liberté
de relever un nombre prodigieux de bévues
dans le Dictionnaire Encyclopédique.

à l'embellir ; que ces changemens fu-
bits de décorations qui fuppofent un
pouvoir furnaturel font le charme des
yeux, & qu'il y aura de l'intérêt autant qu'il en faut dans nos Opéra,
toutes les fois que le merveilleux y fera
ménagé par une main habile.

Gardons-nous de croire, comme on
veut nous le perfuader, que le merveilleux de l'ancienne Mythologie n'ait
pas une poëtique fixe & déterminée.
Ces Etres créés par les Poëtes ont un
vrai caractere qu'ils doivent à l'imagination même de leurs inventeurs. *Ju-*
piter, *Apollon*, *Mars*, *Vénus*, les *Par-*
ques, les *Furies*, ont leurs différences
auffi marquées que le *Mifantrope*, le
Jaloux, l'*Avare*, &c. & ces différences font fondées fur des principes d'u-
ne convention générale dans toute l'Europe. Gardons-nous bien auffi de confondre les immortelles fictions d'*Ho-*
mere, de *Virgile* & d'*Ovide*, avec l'im-
pertinent Conte de la *Barbe-Bleue*, &
de dire, après l'Auteur, que dans le
genre merveilleux, il n'y a pas d'Ouvrages où l'on ne (*bb*) *trouve quelques*

(*bb*) Page 267.

poils de cette barbe. Rien ne peut affaiblir le ridicule d'une telle fottife.

Enfin l'Auteur veut que nous ayons
des Tragédies bourgeoifes. Pourquoi
pas, pourvû qu'elles ne reffemblent
point au *Fils Naturel* ? Les Anglais en
ont bien. *Mélanide* en eft une, ou peu
s'en faut. Que l'on en faffe où le tra-
gique domine encore davantage, j'y
confens. Mais que l'Auteur ne fe donne
point l'honneur de l'invention, & qu'il
ne propofe pas férieufement dans ces
Tragédies (cc) *un lit de repos ; une mere,*
un pere endormi ; un Crucifix, un ca-
davre, &c. ou qu'il aille faire repréfen-
ter fes Piéces dans fa petite Ifle de *Lam-*
pedoufe (dd).

Qu'il ne banniffe pas nos Valets de
Comédie, fous prétexte qu'ils font toujours plaifans, & que c'eft une preuve
qu'ils font froids (ee). Ce n'eft pas être
froid que d'être plaifant dans une Comédie, & l'Auteur nous permettra de
croire que les Valets de *Moliere* & de

(cc) Page 201.
(dd) Voyez la page 182.
(ee) Page 148.

Regnard

Regnard valent bien son *Charles* & son *André.*

Une idée qui est entierement de l'Auteur, mais qui est bien aussi la chose la plus singuliere que l'on ait dite, c'est ce qu'il appelle des Comédies *de Condition.* Jusqu'à présent on a fait, dit-il (*ff*), des Piéces de caracteres, & les caracteres sont épuisés. Nous avons des Financiers dans nos Comédies, mais le Financier n'est pas fait. Il y a des peres de famille au Théatre, mais le pere de famille reste à faire, & l'Auteur part de-là pour nous donner libéralement vingt sujets de Comédie. *L'Homme de Lettres,* le *Philosophe.* (*gg*), le *Commerçant,* le *Juge,* l'*Avocat,* le *Politique,* le *Citoyen,* le *Magistrat,* le *Financier,* le *Grand Seigneur,* l'*Intendant,* le *Pere de famille,* l'*Epoux,* la *Sœur,* les *Freres,* &c.

En vérité je ne sais plus de quel nom appeller ce délire. Si je choisis un de ces sujets, le Magistrat par exemple, il faudra bien que je lui donne un ca-

(*ff*) Page 262.
(*gg*) J'adopterais volontiers ce sujet-là.

F

ractere : il fera trifte ou gai, grave ou frivole, affable ou brufque, & ce fera ce caractere qui en fera un perfonnage réel, qui le tirera de la Claffe des abftractions métaphyfiques. Voilà donc le caractere qui redevient la bafe de l'intrigue & de la morale de la Piéce, & la condition qui n'eft plus que l'acceffoire. Il en eft de même de tous les fujets propofés. Le projet de l'Auteur n'eft donc qu'une chimere, & l'une des plus bifarres peut-être qui ait jamais pris naiffance dans une tête humaine.

En honneur, Madame, je penfe que M. *Diderot* s'eft moqué de nous ; car il n'eft pas poffible qu'il ait écrit férieufement ces chofes étranges (*hh*). C'eft une expérience qu'il a voulu faire fur le degré d'afcendant que la qualité de Philofophe peut lui donner fur le Public.

Non, Madame, non, Les caracteres ne font point auffi épuifés qu'il le dit. Ecoutez parler *Moliere* lui-même

(*hh*) J'ai long-tems cherché dans ces Réflexions un trait fenfé ; je l'ai trouvé dans l'éloge de M. le Duc d'*Orléans.*

dans une de ſes Comédies. Voici comme il répond à quelqu'un qui penſait,
comme M. *Diderot*, que les ſources du
Comique allaient lui manquer. Remar-
quez combien ce grand homme était
loin de deviner les Comédies de condition. » Hé, mon pauvre Marquis,
» nous lui fournirons toujours aſſez de
» matiere, & nous ne prenons guéres
» le chemin de nous rendre ſages par
» tout ce qu'il fait & tout ce qu'il dit.
» Crois-tu qu'il ait épuiſé dans ſes Co-
» médies tous les ridicules des hommes,
» & ſans ſortir de la Cour, n'a-t'il pas
» encore vingt caraƈteres de gens où il
» n'a pas touché ? N'a-t'il pas, par
» exemple, ceux qui ſe font les plus
» grandes amitiés du monde, & qui,
» le dos tourné, font galanterie de ſe
» déchirer l'un l'autre ? N'a-t'il pas ces
» adulateurs à outrance, ces flatteurs
» inſipides qui n'aſſaiſonnent d'aucun
» ſel les louanges qu'ils donnent, &
» dont toutes les flatteries ont une dou-
» ceur fade qui fait mal au cœur à ceux
» qui les écoutent ? N'a-t'il pas ces lâ-
» ches courtiſans de la faveur, ces per-
» fides adorateurs de la fortune, qui

F iij

» vous encenfent dans la profpérité,
» & vous accablent dans la difgrace?
» N'a-t'il pas ceux qui font toujours
» mécontens de la Cour, ces fuivans
» inutiles, ces incommodes affidus,
» ces gens, dis-je, qui pour fervices ne
» peuvent compter que des importu-
» nités, & qui veulent que l'on les ré-
» compenfe d'avoir obfédé le Prince
» dix ans durant? N'a-t'il pas ceux qui
» careffent également tout le monde,
» qui promenent leurs civilités à droite,
» à gauche, & courent à tous ceux
» qu'ils voient avec les mêmes embraf-
» fades & les mêmes proteftations d'a-
» mitié? &c.... Va, va, Marquis,
» *Moliere* aura toujours plus de fujets
» qu'il n'en voudra, & tout ce qu'il a
» touché n'eft que bagatelle au prix de
» ce qui refte (ii).

Eft-il bien poffible, Madame, que
M. *Diderot* ne voye que des Comédies
de condition où *Moliere* a vu fi rapide-
ment tant de chofes? La Philofophie
rétrécirait-elle les idées au lieu de les
étendre? *Moliere*, à la vérité, pouvait

_____

(ii) *Impromptu de Verfailles*, Scéne 3.

avoir quelque génie ; mais son siécle avait-il les lumiéres du nôtre ? De son tems songeait-on à l'Encyclopédie ? M. *Diderot* n'est-il pas un des Chefs de cette grande entreprise, & ce mérite ne renferme-t'il pas tous les autres ?

S'il était permis d'ajouter aux idées du grand homme que je viens de citer, je ne sais, Madame, si cette Lettre n'indiquerait pas un sujet de Comédie même assez piquant.

Je croirais en trouver encore un dans ce Vers du *Méchant* :

Des protégés si bas, des protecteurs si bê-
tes.

L'homme déplacé ; l'homme fin dont la finesse échoue toujours contre la naïveté d'un homme simple. Le faux Philosophe. L'homme singulier manqué par *Destouches* (*kk*); le Tartuffe de

_____

(*kk*) On y trouve pourtant ces Vers si sensés :

.... Je vois souvent de sublimes esprits, Des Savans dont le monde admire les écrits ;

fociété, comme on a fait celui de Religion (ll). Voilà, me femble, des fujets qui n'attendent que des hommes,

Mais je ne leur vois point affecter de ma-
    nieres.
Qu'on puiffe, avec raifon, prendre pour fin-
    gulieres :

. . . .
Et fi chez les anciens de doctes Fanatiques
Ont cru fe diftinguer fous les haillons cyni-
    ques,
Les plus fages mortels ont toujours méprifé
Les écarts finguliers d'un orgueil déguifé.
Et Socrate, & Platon, & les Sages de Gréce
D'un doux extérieur ont orné la fageffe.
On ne les a point vus par fingularité
Rompre tous les liens de la fociété,
Affecter des façons qui n'ont point de fem-
    blables,
Et pour fe diftinguer, fe rendre infupporta-
    bles.

(ll) Vous trouverez l'efquiffe de ce caractère dans cette Epigramme d'un homme
d'efprit :

Ne point voler en larron manifefte,
Mais fourdement friponner avec art,

& qui valent bien le *Frere*, la *Sœur*,
l'*Epoux*, &c. Ce font eux, Madame,
que je propoferais modeftement, &
non comme des découvertes. Il eft trop
trifte d'annoncer la pierre philofophale
avec des haillons, & l'Auteur du *Fils*
Naturel me corrigerait de l'Egoifme,
fi j'avais quelque pente à m'y livrer.
Ses Réflexions dont vous avez un précis, & jufqu'à fa courte Préface, tout
en eft rempli. *Le fixiéme Volume de*
l'Encyclopédie venait de paraître, dit-il,
& j'étais allé chercher à la Campagne
du repos & de la fanté, &c. Quel début,
Madame ! quelle emphafe dans ce peu
de mots : *Le fixiéme Volume de l'Ency-*
clopédie venait de paraître.

Dans les Dialogues imaginaires avec
Dorval, tout eft marqué au coin du
même amour-propre. Il y manque mê-

Ne point tuer en affaffin funefte,
Mais les abfens percer de part en part ;
De plus d'un vice avoir fa bonne part,
Mais au dehors déguifer leur fymptôme ;
C'était jadis être moins que pendart,
Et de nos jours être plus qu'honnête hom-
me.

me de l'adreſſe. L'Aureur fait des ob-
jections contre ſa Piéce, & Dieu ſait
s'il fait patte de velours. Le prétendu
Dorval y répond d'une maniere ſi ſa-
tisfaiſante, que M. *Diderot* eſt toujours
obligé d'être de ſon avis. Eſt-ce donc là
ce ton de ſimplicité & de *bon-hommie*
dont il ſe gratifie ſi modeſtement à la
fin de ſa Piéce (*mm*).

. Voilà pourtant les petites mortifica-
tions auxquelles on s'expoſe en vou-
lant ſortir de ſon genre ; en ſe faiſant
annoncer, ou plutôt en s'annonçant
ſoi-même ſi impérieuſement ; en affectant la tyrannie dans une carriere qui
doit tout ſon éclat à la liberté. On s'expoſe en donnant un ouvrage de cette
nature, un ouvrage à la portée de tout
le monde, à faire conclure que, puiſqu'il eſt ſi mal écrit d'un bout à l'autre,
on pourrait bien trouver les mêmes
fautes dans les productions que l'on
admire, & qu'on ne lit point. On com-
promet dans un jour une réputation
de pluſieurs années. On indiſpoſe des

(*mm*) Page 199.

Savans

Savans modeftes, & qui vont prouver
que l'*Effai fur le mérite & fur la vertu*
n'eft pas, comme on l'a dit, une imi-
tation, mais une traduction fervile &
fautive de Mylord *Shafterfbury*; que
les *Penfées Philofophiques* font prefque
mot pour mot tirées du même Auteur;
que l'*interprétation de la nature* eft toute entiere dans *Bacon*; que le *Fils Naturel* lui-même n'eft qu'une copie défi-
gurée du *Vero Amico* de M *Goldoni*
(*nn*); enfin que l'Encyclopédie, au lieu
de former un corps de doctrine, n'eft
qu'un cahos de contradictions, où l'on
trouve autant de fyftêmes & de principes différens, qu'il y a d'Auteurs qui
ont fourni des articles. Tout cela eft
d'une digeftion dure pour l'amour-
propre. Il eft vrai qu'on a la reffource
de fe faire louer dans le *Mercure*.

(*nn*) *N. B.* Que cet Auteur a fait auffi un
Pere de famille.

*On fe propofe de donner inceffamment
au Public une continuation de ces Lettres.*

G

LETTRE TROISIEME,

Les Modernes font-ils en effet plus éclairés, ou plus avancés que les Anciens dans le chemin de la vérité ?

Multa renafcentur quæ jam cecidere, cadentque
Quæ nunc funt in honore. Horatius.

AVIS.

On n'attaque point directement la nou-
velle Philofophie dans cette Lettre,
qui a deja paru, & qui eft du même
Auteur. On y prouve feulement que
notre fiécle ne doit pas s'enorgueillir
de la fupériorité qu'on lui donne, peut-
être gratuitement, fur les autres fié-
cles. Il eft plus éclairé, précifément
parce qu'il a profité des lumieres de
tous ceux qui l'ont devancé. La cu-
riofité & le hazard, pere de prefque
toutes les découvertes, conduiront en-
core plus loin les générations à venir,

sans qu'elles aient le droit de se pré-
valoir de ce que nous aurons ignoré.

On y prouve aussi que les Arts & les
Sciences ont, à peu près, également
fleuri chez toutes les Nations poli-
cées, même celles de la plus haute
antiquité. Il ne nous reste cependant
aucun monument qui attribue leurs
calamités ou leur destruction, à ces
progrès nécessaires de l'esprit humain.

On ne concevra jamais la liaison qu'il
faudrait supposer entre les révolutions
des Empires, & le petit nombre d'Ar-
tistes & de Savans qui s'appliquent
en paix à leurs spéculations. Ces hommes, souvent trop obscurs, ne forment
jamais, non plus que ceux qui pensent avec eux, un corps considérable
chez aucun Peuple.

Il n'y a peut-être jamais eu que la
Chine où les prérogatives de la noblesse & de l'autorité soient annexées
aux seuls Lettrés ; cependant cet Empire n'a point eu de semblable pour la
durée.

Si l'on parcourt les Annales du Monde

on ne trouve les malheurs & les cri-
mes que fur les traces de la barbarie.
Le fameux paradoxe du Philofophe
de Genève eft donc une infulte faite à
la raifon humaine, dans un fiécle que
l'on appelle celui de la raifon.

IL y a long tems qu'on a dit pour
la premiere fo·s que l'erreur était
le partage de l'homme ; mais il eſt
étonnant que dans les fiécles les plus
éclairés, on n'ait pas moins occafion
de le dire, que dans ceux que nous
appellons faſtueufement fiécles d'ignorance. On a l'obligation au hazard de
quantité de découvertes avec lefquelles on eſt parvenu à détruire de vieilles
erreurs ; mais les a-t-on remplacées
par des vérités neuves ? Les hommes
ont-ils fait effectivement quelques pas
depuis qu'ils fe vantent de n'être plus
dans l·s ténèbres? Savent ils être plus
heureux, meilleurs, ou font-ils du
moins plus exempts de préjugés, ce
qui ferait en effet une fuite de leurs
progrès dans l'étude de la vérité? A
la honte de l'efpéce, on n'apperçoit

aucun de ces fruits ; l'humanité paye
toujours le même tribut aux superfti-
tions, aux faibleffes, aux miféres de
fa condition. C'eft donc à tort qu'elle
fe vanterait d'être plus éclairée, & que
notre âge prétendrait quelque préfé-
rence fur ceux qui l'ont devancé.

On ne croit plus, avec S. *Auguftin*,
que les Antipodes aient la tête en bas ;
avec *Ptolomée*, que le Soleil tourne, ni
qu'il y ait des Cieux de criftal ; avec
Ariftote, que la nature ait horreur du
vuide, ni que de petits atomes crochus
aient formé par hazard le Monde que
nous admirons, comme le penfait
Epicure. On a découvert, malgré la
Bulle d'un Pape qui prefcrivait de n'en
rien croire, qu'à l'extrémité de notre
globe il fe trouvait des êtres penfans
à peu près comme nous, chez qui, fur
l'opinion que nous pouvions exifter
auffi bien qu'eux, on n'avait jamais
inquiété perfonne. C'eft-à dire, qu'à
l'afpect d'un bâtiment fort élevé, nous
avons entrevu long-tems que les derniers appartemens pouvaient être occupés comme les premiers ; &, qu'a-
près avoir parcouru pendant bien des

fiécles notre petite Planette, fans nous douter qu'elle en fût une, nous avons fait enfin l'importante découverte que nous ne l'habitons pas feuls. Les Efpagnols, orgueilleux de cet effort de leur imagination, exterminerent fans pitié des nations entieres, parce qu'elles avaient beaucoup d'or & point d'artillerie, & qu'elles s'avifaient de vouloir fe gouverner par les loix de leur pays. Ainfi la moitié du monde eut à gémir de la curiofité de l'autre.

A l'aide d'une longue lunette, dont la premiere idée appartient à des enfans qui n'eurent d'autre maître que le hazard ou l'envie de jouer, on a fait quelques pas dans l'Aftronomie. Le mouvement de rotation du Soleil a paru démontré; on a cru voir les Satellites de quelques Planettes; on a déterminé le nombre des Etoiles; on a fort ingénieufement remarqué que les Aftres feraient néceffairement immobiles dans des Cieux de criftal, ou de toute autre matiere folide; & peu s'en faut qu'on ne trouve *Ptolomée* ridicule, parce que, de fon tems, des enfans ne s'étaient pas encore imaginés de faire un Télefcope. Cependant on n'a pas mieux défini que lui de quelle matiere était le Ciel. Les mouvemens des Aftres, mieux obfervés depuis l'invention des Lunettes, ont feulement perfuadé qu'elle devait être fluide. Mais que dans cet efpace où les Aftres font leurs révolutions, il n'y ait que du vuide, comme il paraît que *Newton* l'a penfé, ou qu'il n'y foit femé que par intervalles, felon le fentiment de *Gaffendi*, ou qu'il foit impoffible, comme l'imaginait *Defcartes*, c'eft un problême que l'imagination peut s'égayer à réfoudre, qui fera produire encore une infinité de fyftêmes qu'on ne prouvera point, car l'ufage eft de fuppofer; mais qui rendront exactement raifon de tous les phénomènes de la nature. Ce feront de nouvelles réveries fubftituées aux anciennes. Heureufement que ce Problême n'eft pas infiniment utile au bonheur de l'Etat, ou de la fociété.

Qu'on ait affujetti les Eclipfes au calcul, invention qui, peut-être, ne fait pas tant d'honneur à l'efprit humain qu'on pourrait l'imaginer, puif-

qu'un Peuple qui n'eſt pas autrement
ſavant (quoi qu'on ait bien voulu le
faire paſſer pour tel) en fait uſage depuis un tems immémorial ; qu'à la faveur de l'expérience de *Paſcal* , on ait
ſoupçonné la peſanteur & le reſſort de
l'air ; qu'on ait fait enfin de ſi grands
progrès dans la Phyſique expérimen-
tale ; c'eſt qu'il eſt tout naturel que les
derniers venus ſoient mieux inſtruits
de ce qui ſe paſſe dans une Ville , que
ceux qui en ſont partis les premiers.

Nous avons profité des petits Jour-
naux que nos peres nous ont laiſſé ;
nous en faiſons de petits à notre tour
que nous laiſſons à nos neveux, qui
en feront encore après nous. Mais ils
ſeraient auſſi ridicules dé s'enorgueillir beaucoup de leurs nouvelles découvertes , & de nous traiter de barbares,
pour ne leur avoir pas tous appris, que
nous le ſommes, ſans doute , en faiſant de pareils reproches à nos ancêtres.

La nature n'a pû être examinée qu'en
détail. La vie de l'homme trop bornée
ne permet d'acquérir qu'un très-petit
nombre de connaiſſances mêlées de

beaucoup d'erreurs. La curiofité, fource des unes & des autres, à peine encouragée par quelques fuccès, s'anéantit avec nous. La génération qui nous fuit profite avidement des connaiffances que nous lui avons tranfmifes; remarque & combat fouvent nos erreurs avec nos propres armes; avance qulques pas dans la carriere; tombe à fon tour, & laiffe à celle qui la fuivra de nouvelles lumiéres & de nouvelles fautes.

Je ne vois dans ces prétendus progrès dont nous tirons tant de vanité, qu'une chaîne immenfe dont quelques-uns ont indiqué le métal; d'autres, fans déffein peut-être, en ont formé les anneaux; les plus adroits ont imaginé de les affembler, la gloire en eft pour eux; mais les premiers ont tout le mérite, ou devraient l'avoir, fi nous étions juftes.

Sont-elles bien à nous, d'ailleurs, ces découvertes dont nous nous glorifions? Qui me répondra que depuis que les générations fe renouvellent fur la terre, perfonne ne les eût faites avant nous? Combien de nations enfe-

velies fous leurs ruines , dont il ne
nous refte que des idées imparfaites !
Combien d'Arts abfolument perdus !
Combien de monumens livrés aux
flammes ! Il eft tel ouvrage qui lui feul
pourrait nous éclairer fur mille men-
fonges , & nous découvrir autant de
vérités : n'en a-t'il point péri de cette
efpéce , ou par les ravages du tems , ou
par les incendies ? Quels Peuples de
l'antiquité le retour des Lettres nous
a-t'il fait connaître ? Les Grecs & les
Romains , ignorans fur leur origine ,
prévenus contre tout ce qui n'était pas
de leur Nation ; traitant de barbares
leurs voifins ou leurs ennemis , avec
autant d'injuftice peut-être que les Efpagnols nommaient les Péruviens Sauvages ; dédaignant d'approfondir leurs
mœurs , leurs caractéres , leurs tradi-
tions , leurs ufages , ou les diffimulant
par jaloufie , & par conféquent inca-
pables de nous en inftruire. Comment
les connaiffons-nous encore ces Grecs
& ces Romains ? A peu près comme
par des relations imparfaites nous
connaiffons les Nations de l'Afrique
ou de l'Afie. Combien de peuples d'ail-

leurs ces conquérans d'une partie du
monde n'ont-ils pas ignoré ? N'eft-il
plus de climats inconnus, & penfons-
nous qu'ils n'auraient rien à nous apprendre ? N'a-t'on pas trouvé chez les
Chinois (*a*), peuple d'une vanité trop
ridicule pour avoir un mérite réel, l'u-
fage de l'Imprimerie & de la Poudre ?
Qui leur a donné l'idée de ces Arts fi
nouveaux dans l'Europe, l'Imprimerie
furtout qui mériterait fi juftement d'ê-
tre admirée, s'il était poffible qu'elle
ne perpétuât que des chofes dignes de
l'être. Nous avons fait des progrès admirables dans les méchaniques ; nous
avons fimplifié des machines connues,
nous en avons créé d'autres ; mais
qu'avons-nous exécuté avec elles dont
on ne trouve quelque idée chez les anciens ? Ces hardis monumens de l'antiquité la plus reculée, & qui touche
prefque aux premiers jours du monde,
les murs de Babylone, ces jardins fou-
tenus dans les airs, ces canaux vain-
queurs de l'Euphrate, ces piramides de

(*a*) Lifez fur les Chinois le judicieux
Voyage de l'Amiral *Anfon.*

l'Egypte, dont quelques-unes fubfiftent
encore ; ces fuperbes édifices élevés
avec la rapidité que l'Hiftoire nous at-
tefte, ne nous forcent-ils pas de convenir, ou que les anciens avaient des
reffources égales aux nôtres, ou même
qu'ils en avaient de bien fupérieures.
On ne trouve pas feulement chez eux
les traces des Arts utiles, on connaît
le luxe des premiers Affyriens , & le
luxe ne s'introduit dans un Empire
qu'à la fuite des Arts d'agrément.

Qu'il foit permis de faire une com-
paraifon entre ces prétendus enfans
de notre induftrie & ceux de notre
imagination, les fyftêmes de la Phyfi-
que fur les principaux phénoménes de
la nature ; il n'en eft aucun qui n'ait
été renouvellé de quelques anciennes
Ecoles. Le mouvement de la terre (b),

(b) *Pythagore*, *Ariftarque* de Samos, le Car-
dinal de *Cufa* , avaient foupçonné longtems
avant *Copernic*, que la Terre tourne fur fon
centre, & que tous les ans elle décrit un cer-
cle autour du Soleil.

L'*Æther* d'*Ariftote* donne une idée de la
matiére fubtile.

Ceux qui prétendent que notre Globe a

la matiere subtile, le plein, le vuide, la gravitation, le pur méchanisme des animaux, opinion dangereuse, parce qu'elle pourrait trop prouver ; l'exis- tence des tourbillons ; ces ingénieuses fictions attribuées à nos Philosophes modernes, existaient long-tems avant eux. Nous en avons les originaux dans cette foule de Physiciens Grecs, & qui sait si ces originaux n'étaient pas en- core des copies ? Il en est de même des hypothèses métaphysiques. L'im- mortalité de l'ame, avant que la Reli- gion nous en eût fait un Dogme ; l'u- nité de Dieu ; la distinction des deux substances ; le système du matérialisme adopté, quant à la nature de l'ame, par quelques Peres des premiers sié- cles, qui ne la croyaient pas moins im- mortelle, mais qui conservaient encore des principes puisés dans les Ecoles Payennes ; je veux parler de *Tertullien*,

été autrefois enseveli sous les eaux, sem- blent renouveller le système de *Thalès*.

Le Phénomène de l'Electricité rappellera peut-être l'opinion d'*Héraclite*, qui regar- dait le feu comme le principe de la Natu- re, &c.

d'*Arnobe*, de *Lactance*, &c. Le libre-
arbitre, la fatalité, furent des queftions
qui trouverent autrefois, comme de
nos jours, des partifans ou des adver-
faires. L'Athéifme de *Spinofa*, fi bien
attaqué par *Bayle*, eft développé dans
le fixiéme Livre de l'Enéide (*c*).

(*c*) Dans ces Vers de *Virgile*, dont on a
tâché de rendre le fens :

Principio cœlum, ac terras, campofque li-
  quentes,
Lucentemque globum lunæ, titania que Aftra
Spiritus intus alit, totamque infufa per artus
Mens agitat molem, & magno fe corpore mif-
  cet, &c.

L'Efprit univerfel répandu dans l'efpace
Anime en circulant tous les corps qu'il em-
  braffe;
Les Mondes, les Soleils, le vafte fein des
  Cieux,
Tout renferme cet Etre invifible à nos yeux.

Et plus fenfiblement encore dans ce Vers
de *Lucain* :

Jupiter eft quodcunque vides, quodcunque
  movetur.

Les Dieux oisifs d'*Epicure* ont servi de modéles à celui des Déistes. Si donc l'esprit humain se répéte lui même depuis si long-tems dans les sciencès spéculatives, rien ne me porte à le croire plus varié, plus inventeur dans ce qui tient aux Arts.

Mais je veux que nos modernes ayent réellement imaginé les opinions qu'on leur attribue; nous n'aurions encore changé que de fictions & d'absurdités. Les idées innées de *Descartes*, les Monades de *Léibnitz* ne valent guères mieux que les rêveries des anciens. Nous nous sommes comportés à leur égard, comme certains Anglais nous font l'honneur de nous traiter dans leurs ouvrages : ils copient nos Auteurs en nous disant des injures. Sur quoi peut donc être fondé l'orgueil des hommes ? Je veux bien supposer que nous connaissons un peu mieux que nos ancêtres les contours du globe que

L'univers est un corps dont les membres épars
    T'offrent par-tout le Dieu que cherchent tes regards.

nous habitons. Enrichis de leurs re-
marques & des nôtres, nous sommes
un peu moins étrangers dans notre Pa-
trie. Nous avons multiplié nos plaisirs
en nous assujettissant à de nouveaux
besoins ; mais n'avons-nous pas aussi
doublé nos infortunes ? Nous voulons,
à la faveur de l'expérience, avoir jetté
quelques lumieres sur le méchanisme
de la nature ; mais les causes nous en
sont-elles plus développées ? Nous li-
sons dans les Cieux ; mais sommes-nous
plus éclairés sur l'artifice de nos organes, sur l'union du corps & de l'ame,
ou sur leur mutuelle dépendance? Avons-
nous quelque idée plus distincte des
termes qui nous sont les plus familiers,
de la *matiere*, de l'*esprit*, du *lieu*, du
tems, de l'*espace*, de l'*infini* ; termes
que le peuple prononce tous les jours,
sans imaginer qu'il ne les entend pas ?
Etrange faiblesse de l'esprit humain qui
ne semble ignorer que ce qu'il aurait
intérêt de connaître ! Parfaitement in-
struit de quelques vérités indifférentes,
mais les seules qui soient démontrées ;
j'ose le dire même, qui semblent l'humilier par leur petit nombre, & par

l'excès

l'excès de leur évidence, elles ne servent qu'à lui faire mieux sentir qu'il est né pour le doute.

Je ne sais par quelle étonnante contradiction quelques personnes plus zélées qu'instruites, ont affecté de confondre le pyrrhonisme & l'incrédulité. Cette réflexion où m'a conduit mon sujet, mériterait-elle seule une Dissertation approfondie; mais je ne me permettrai qu'un raisonnement en sa faveur. Le pyrrhonisme apprend essentiellement à la raison à s'humilier, en lui démontrant l'incertitude de ses connaissances; la Religion exige de notre orgueil la même soumission, les mêmes sacrifices : le pyrrhonisme est donc de toutes les Sectes des Philosophes la plus conforme à l'esprit de la Religion, & celle qui nous dispose le plus naturellement à l'embrasser. On pourrait en abuser, me dira-t'on. Hé de quoi ne pourrait-on pas abuser? Tel était du moins le sentiment du savant Auteur de la Démonstration Evangélique (d),

_____

(d) M. *Huet*, *Traité de la faiblesse de l'Esprit Humain.*

H

Prélat illuftre , qui avait acquis le droit
de douter par l'immenfe étendue de fes
connaiffances.

Quoi de plus capable de convaincre
l'homme de fa faibleffe , que le tableau,
malheureufement trop fidéle , que je
viens d'en préfenter. Ses prétendus
progrès appréciés , dénués de la pompe dont une vaine éloquence a coutu-
me de les ennoblir , paraiffent dans
leur véritable jour. Il n'eft ni plus rap-
proché du bonheur , ni moins efclave
des illufions : il n'a donc rien fait pour
lui. Mais fon orgueil eft toujours le
même , c'eft qu'il eft homme.

LETTRE QUATRIEME,
SUR L'AME.

Somnia, terrores magicos, miracula, ſagas,
Nocturnos Lemures, portenta que Theſſala
rides. Horat.

AVIS.

Cette Lettre fut écrite à une Femme
vraiment Philoſophe, bien éloignée
par conséquent de l'affectation de le
paraître. Sa beauté ſervait en cela ſa
modeſtie. On n'imagine guères qu'une
même perſonne réuniſſe à la fois tous
les moyens de plaire. C'eſt un des préjugés de la jalouſie humaine de penſer
que la nature diviſe ordinairement ſes
faveurs, & n'accorde les unes qu'aux
dépens des autres.

Cette Femme belle & reſpectable, laiſſait
murmurer l'envie, ne paraiſſait que
charmante à ceux qui ne recherchaient
en elle que des agrémens, & devenait
homme avec un petit nombre d'amis
qui ſavaient penſer.

Elle liſait un jour dans l'Encyclopédie

un long article fur l'ame, qui ne la fatisfaifait point. L'Auteur crut devoir la préparer à ce genre de lecture par quelques notions préliminaires, & tâcher fur-tout de n'être point obfcur, défaut que de certains Philofophes ont regardé fans doute comme au-deffous d'eux d'éviter.

Ce ne font ici que de fimples Elémens : mais on fe flatte que l'on pourrait y trouver la matiére à un meilleur Ouvrage.

NOtre ame, cette faculté de penfer, fur laquelle on a fait de fi beaux rêves, la vôtre même, Madame, qui femble fe rapprocher fi fort de la Divinité, n'eft dans fon origine qu'une table rafe,* propre à recevoir différens caracteres que la mémoire y conferve, & que l'éducation y grave dans notre jeuneffe en traits fouvent ineffaçables. Elle paraît purement paffive. Toutes fes idées lui viennent des objets extérieurs, ou lui font communiquées par les maîtres qui s'emparent tour à tour de notre enfance. Il eft fi vrai que par elle-même elle ne peut fe procurer aucune fenfation, que les perfonnes

* *Locke.*

privées de quelque sens, le sont aussi
de toutes les idées relatives à ce sens
qui leur manque., & que tous les rai-
sonnemens du monde ne donneraient
pas à un aveugle la moindre notion
des couleurs.

Toute l'activité de l'ame se réduit à
comparer ces caractéres qu'elle a reçus
par les sens ; à les considérer ou sépa-
rément, ou réunis ; à prononcer sur
leurs rapports & sur leurs différences..
C'est de cette faculté qui s'appelle réflexion ou repli de l'âme sur elle-même, qu'elle emprunte le pouvoir de
juger, pouvoir dont elle n'use guères
dans l'enfance. La nouveauté des objets qui la frappent ne lui permet alors
d'autre attention que pour voir & pour
entendre. Ce n'est donc que lorsqu'elle
a, pour ainsi dire, fait sa provision,
qu'elle imagine de réfléchir sur cette
foule d'impressions qu'elle a reçues.

Si on l'eût abandonnée à elle-même,
elle n'eût eu que des idées justes, parce
qu'elle n'eût jugé que d'après ses sensa-
tions, qui ne peuvent la tromper, &
qui sont absolument les mêmes chez
toutes les personnes bien organisées.

Ces fenfations ne font autre chofe que
le fentiment qui réfulte du choc des
objets fur nos organes. C'eft par lui
que nous fommes avertis du froid, du
chaud, de la douceur, de l'amertume,
&c. C'eft lui qui nous approche ou qui
nous éloigne de certains objets ; qui
veille à notre confervation, comme à
celle des animaux, & le but de la nature eft rempli quand l'animal eft parfaitement pourvu de tout ce qui eft né-
ceffaire à fa confervation.

Mais tranfportés, pour ainfi dire,
loin de l'origine des hommes, affujet-
tis par l'éducation aux préjugés de la
fociété où nous vivons, notre ame a
reçu non-feulement ces idées ou ces
caractéres formés naturellement par
l'impreffion des objets extérieurs, mais
une foule de phantômes ou d'idées ab-
ftraites qui font l'ouvrage de l'imagination, & c'eft une des plus grandes
fources de nos erreurs que l'abus où
nous tombons fouvent de regarder ces
phantômes comme des êtres réels.

Le pouvoir que nous avons d'envifa-
ger les qualités des objets, comme fé-
parés des objets, a produit ces idées

abſtraites. Mais cette ſéparation n'eſt qu'idéale , & cela eſt ſi vrai , que vous ne pouvez prononcer ce mot *couleur* ſans vous repréſenter ſur le champ quelque choſe de coloré. Il en eſt de même de ces idées, *vertu* , *ſageſſe* , *intelligence* , qui ne repréſentent rien à l'ame, qu'autant qu'elles ſont liées à des objets réels ; au ſouvenir, par exemple , de quelques perſonnes éclairées & vertueuſes que nous avons connues , ou dont on nous a raconté l'Hiſtoire.

Ces idées nous viennent encore de la néceſſité où nous ſommes pour ſoulager la mémoire , de former, pour ainſi dire , qu'un ſeul faiſceau de pluſieurs idées diſtinctes & ſéparées , que nous avons rangées ſous une ſeule idée générale. C'eſt ainſi que par le mot *Aſſemblée* , je vous donne l'idée d'un certain nombre d'hommes réunis dans un même lieu ; par le mot *République* , l'idée d'un peuple qui ſe gouverne par ſes Loix & ſans Maîtres.

Mais telle eſt l'illuſion de l'imagination qu'elle réaliſe , en quelque ſorte , ces idées générales qui ne ſont que les réſultats de pluſieurs idées particulieres, & qu'elle envisage, par exemple, la République comme séparée des individus qui la composent. De-là les allégories. De-là ces phrases poëtiques : *l'Europe en silence*, *l'Univers à genoux*, &c. En un mot, de-là ces expressions magnifiques, qui semblent ne former qu'un même être de l'assemblage factice de plusieurs attributs.

C'est encore à cette source qu'il faut rapporter mille erreurs qui tiennent à l'imperfection du langage. Qu'était-il en effet dans son origine ? Le cri du besoin, & l'expression vive & simple des objets dont nos sens sont frappés. Aussi les Langues les plus anciennes sont-elles les plus stériles. Celles des Sauvages manquent de mots pour tout ce qui n'est pas sensible. Ces pauvres gens sont si loin de se douter qu'il y ait des substances purement intellectuelles, qu'ils n'ont pas même de termes pour exprimer de pareilles idées. Eh ! comment s'en douteraient-ils ? Ils n'ont d'idée que par leurs sens, qui ne leur montrent, comme à nous, que de la matiére. La révélation seule pouvait

vait nous élever à des vérités plus fublimes , & nous transporter, fi je l'ose
dire, hors de nous-mêmes.

Vous voyez , Madame , que votre
ame , loin d'être abandonnée à fon
propre eſſor, a été foûmife d'abord à
la tyrannie des Langues & de l'uſage.
Des mots vuides de fens, des expreffions erronées communes à tous les
idiomes, ont porté chez vous une foule de préjugés. Cette Langue, que vous
parlez fi bien, n'eſt pas de votre choix.
Vous l'avez reçue de votre Nourrice &
de vos Maîtres, avec toutes les imper-
fections dont elle peut être fufceptible :
ainfi dès le berceau vous étiez aſſujettie
à tous ces vains phantômes accrédités
par nos ancêtres. Tant d'erreurs, fans
lefquelles l'intelligence de votre propre
Langue vous devenait impoſſible, vous
les avez fucées avec le lait. Tant de mots
qui aſſemblent des idées contradictoi-
res, vous les trouviez établis. Votre
prononciation fe pliait à ces expreſſions
barbares. Il a bien fallu vous contenter
de l'explication chimérique que l'on
vous donnait d'un terme abfurde. Hé
comment, dans un âge fi fimple , au-

I

riez-vous foupçonné l'habileté ou la bonne-foi de vos Maîtres ?

Ne foyez donc plus furprife, Madame, de cette chaîne de préjugés qui nous lie. L'habitude les a naturalifés avec nous, & cette rouille eft devenue notre fubftance. Qui pouvait nous en garantir? Tout concourait à nous tromper : AVOIR APPRIS UNE LANGUE, C'EST ÊTRE IMBU DÉIA DE BEAUCOUP D'ERREURS.

Comment fortir de ce labyrinthe, me direz-vous, où retrouver la vérité ? Le voici, Madame, & la route en eft moins pénible peut-être que vous ne le penfez. Depuis que vous avez joui de votre raifon, la nature s'eft foulevée chez vous par des doutes contre la plûpart de ces chiméres que vous avez reçues fans examen. Ofez remonter à la fource de vos idées. Tout ce que vos fens vous ont appris vous eft commun avec tous les hommes. Leur témoignage eft infaillible ; la nature ne vous a pas donné d'autres régles de vérité. Tout ce qui les contredit eft évidemment faux & abfurde, contraire en un mot à votre être, puifque vous n'êtes

organifée que pour penfer & juger d'a-
près eux.

Tout ce qui ne fe montrera pas à
vous avec les caraĉteres de l'évidence,
rien ne vous oblige à le croire. Excep-
tez de cette régle fi fûre les feules vérités furnaturelles. Vous ne pouvez ad-
mettre que pour vrai-femblable ce qui
ne vous paraît que vrai-femblable, &
vous n'êtes pas la maîtreffe de croire
une chofe plus certaine qu'elle ne vous
le femble effeĉtivement.

Rejettez fans balancer toutes ces
idées faĉtices que vous n'auriez jamais
eues de vous-mêmes. Songez, puifqu'elles ne font entrées chez vous par
aucun de vos fens, puifqu'elles n'y font
point analogues, que ce font des mon-
ftres, des phantômes de l'imagination
des hommes, que vous n'avez jamais
adoptés par un confentement libre ou
réfléchi; mais que l'on a gravés dans
votre ame, pour ainfi dire, à fon
infçu.

Cet examen, Madame, n'eft pas
infiniment difficile. Tout mot qui ne
vous donnera point une idée claire, ou

plutôt (& nous en avons beaucoup de
cette efpéce) qui ne vous en repréfen-
tera aucune, rejettez fa vaine tradition ;
croyez que vous ne l'auriez jamais fait
fi vous aviez eu une Langue à vous former, & qu'il répugne à votre nature ;
puifqu'il ne réveille abfolument aucune
fenfation chez vous.

En fuivant cette route, en diftin-
guant avec attention ce qui eft de vous,
& ce qui n'en eft pas ; en ne vous fou-
mettant qu'à la droite raifon qui eft
votre régle, & la feule dont vous puif-
fiez faire ufage dans tout ce qui n'eft
pas du reffort de la foi, vous parvien-
drez, Madame, à la découverte de la
vérité. Vous êtes faite pour elle comme
pour les Graces, & c'eft un nouvel
Empire où vous pouvez regner.

Vous me demanderez des guides
dans cette carriere dont l'accès pourra
vous fembler pénible. Lifez le maître
du genre humain dans cette partie, le
fage, le modefte, le circonfpect *Locke*,
à qui l'on eût pardonné du fafte, & qui
n'en eut jamais, parce qu'il était véri-
tablement grand. Lifez un excellent

Traité de nos fensations, fait par un de fes Difciples, qui a profité de fes lumiéres pour nous en donner de nouvelles.

Puiffe ce faible Effai, Madame, vous infpirer le goût d'une étude où votre efprit m'aura bientôt devancé. Recevez-le comme un gage de mon refpect & de ma reconnaiffance. Si j'emploie fouvent avec vous ce dernier mot, n'en foyez pas étonnée. On vous doit ce fentiment-là, Madame, pour les chofes mêmes que votre modeftie regarde comme les plus indifférentes, pour le plaifir de vous voir & de vous entendre.

F I N.

www.ingramcontent.com/pod-product-compliance
Lightning Source LLC
Chambersburg PA
CBHW060637100426
42744CB00008B/1667